——汉字立人·华语塑魂——

汉字学习

HANZI   XUEXI

自然·科学

（分册）

《汉字学习》编写组◎编

时代文艺出版社

图书在版编目（CIP）数据

汉字学习.自然·科学（分册）/《汉字学习》编写组编.
—长春：时代文艺出版社，2015.10
ISBN 978-7-5387-4541-2
Ⅰ.①汉… Ⅱ.①汉… Ⅲ.①汉字－基本知识 Ⅳ.①H12

中国版本图书馆CIP数据核字（2014）第107624号

出 品 人　陈　琛
产品总监　郭力家
选题策划　刘越新
　　　　　王玉飞
稿件统筹　李天卿
责任编辑　杨　迪
装帧设计　陈　阳
排版制作　刘　薇

汉字学习
自然·科学（分册）

《汉字学习》编写组 编

出版发行 / 时代文艺出版社
地址 / 长春市泰来街1825号　时代文艺出版社　邮编 / 130011
总编办 / 0431-86012927　发行部 / 0431-86012957　北京开发部 / 010-63108163
网址 / www.shidaicn.com
印刷 / 北京市梨园彩印厂
开本 / 850mm×1168mm　1 / 32　字数 / 200千字　印张 / 8.5
版次 / 2015年10月第1版　印次 / 2015年10月第1次印刷　定价 / 20.00元

图书如有印装错误　请寄回印厂调换

出 版 说 明

汉字，是世界上最古老的文字之一，也是最有活力和表现力的文字之一。四大文明古国中，古巴比伦的楔形文字、古埃及的象形文字和古印度的哈拉本文字都早已成为历史遗存，唯有中华民族的汉字一直延续使用，并且充满了生命活力。

中华文化的传承，中华民族的发展，都离不开汉字学习的薪火相传。国家教育部在最新的《义务教育语文课程标准》中对语言文字的重要性做了这样的解读：语言文字是人类最重要的交际工具和信息载体，是人类文化的重要组成部分。语言文字的运用，包括生活、工作和学习中的听说读写活动以及文学活动，存在于人类生活的各个领域。

由我社编辑、出版的"汉字学习"系列图书包括八个分册：《文学·艺术（分册）》《历史·文化（分册）》《语言·文字（分册）》《自然·科学（分册）》《生物·医学（分册）》《社会·生活（分册）》《成语·典故（分册）》《方言·俗语（分册）》。

本套书从以下几个方面保证了内容的权威性和趣味性：

1.作者构成——行家学者齐上阵

我社组织的《汉字学习》编写组，成员包括从事语言文字教学研究工作的行家、科技工作者和文化学者。这就使得本套图书在知识上，准确、丰富；在内容上，贴近学生和青少年读者实际；在表述上，通俗易懂、生动有趣。这些行家学者历时一年时间，对每个词语都进行了严格筛选，对每个词的展开解析都经过了精心打磨。

2.词语选择——熟悉与陌生结合

"汉字学习"系列的八个分册，内容几乎包括了社会生活的各个方面。在选词上，难易结合，熟悉与陌生相结合，让知识更具象，让记忆更深刻。这里所说的熟悉与陌生，有两层含义：第一层，熟悉指贴近学生的生活，这些词语本身对青少年读者来说是熟悉的；陌生指的是要有内涵，要有深入了解的必要，这些词背后的深层的文化意义对读者来说是陌生的；另一层含义中，熟悉指的是常见词，这些常见词或者容易写错，或者虽然写起来简单，但是有深刻内涵；陌生指的是生僻词，通过专家学者的解读，深入浅出，化繁为简。

3.版块设置——简明丰富，饶有趣味

本套书以词语为中心，设置了四个版块。每个版块都有独特的功用。"听写提示"，引导读者先听后写，围绕着中心词语发散思维，让学习变得不再枯燥；"注音""解释"两个环节，为读者提供简明的学习内容；"相关知识"版块，围绕中心词，扩展知识面，既有与所选词语内容相关的知识，字形、字音、字义相关的知识，易混易错字词的辨析，汉字形成的知识，也有涉及的诗词、神话传说等等，内容包罗万象，让知识立体化。四个版块结合互动，使汉字、词语学习变得简单又轻松。

希望本套图书在给青少年读者带去知识的同时，更能使他们领略汉字文化的魅力，提高综合文化素质，提升民族自信心和自豪感。

编　者

目 录

A

阿月浑子 1
艾鼬 1
爱因斯坦 2
安培 2
桉树 3
鹌鹑 3
鮟鱇 4
暗礁 4
暗物质 5

B

八角枫 5
巴旦木 6
巴豆 6
巴林石 7
巴山蜀水 7
巴山夜雨 8
菝葜 8
灞河 9
白矮星 9
白藏 10

白唇鹿 10
白额雁 10
白垩 11
白鹳 11
白桦 12
白芨 12
白虹贯日 13
白蜡虫 13
白蜡树 14
白蔹 14
白磷 15
白蛉 15
白鹭 16
白露 16
白茅 17
白鳍豚 17
白起 17
白山黑水 18
白苏 18
白头鹎 19
白鹇 19
白洋淀 20
百灵 21
斑鸠 21
斑羚 22

斑蝥 22

枹树 23

椑柿 23

贝叶棕 23

栟茶 24

荸荠 24

泌阳 24

萆薢 25

蓖麻 25

碧螺春 25

壁虎 26

边冈 26

萹蓄 27

蝙蝠 27

扁担星 28

藨草 28

波罗蜜 29

哱罗 29

菠萝 30

伯劳 30

亳州 30

舶棹风 31

鹁鸪 31

薄荷 32

卟吩 32

C

采石矶 33

蚕茧 34

蚕沙 34

穇子 34

苍鹰 35

鸧鹒 35

草苁蓉 36

草珊瑚 36

嵖岈 36

檫树 37

蟾蜍 37

巉岩 38

櫼枪 39

昌化石 39

菖蒲 40

长庚星 40

郴州 41

柽柳 41

蛏子 42

城隍庙 42

鸱鸮 42

茌平 43

尺蠖 43

赤眼鳟 44

臭椿 44

滁州 44

穿山甲 45

椿象 45

莼菜 46

茨菰 47

刺猬 47

次生林 48

徂徕书院 48

翠鸟 48

酂城 49

D

大鸨.............................50

大蓟.............................50

大鲵.............................51

大雁.............................51

大雁塔.........................52

岱宗.............................52

玳瑁.............................53

袋狼.............................53

丹顶鹤.........................53

丹参.............................54

丹霞山.........................55

灯芯草.........................55

地肤.............................55

地菍.............................56

棣棠.............................56

颠茄.............................57

貂熊.............................57

东方鸻.........................57

豆蔻.............................58

都江堰.........................58

毒剑蛙.........................59

渡渡鸟.........................59

钝口螈.........................59

E

莪术.............................60

鹅卵石.........................60

鹅掌楸.........................61

萼片.............................61

遏蓝菜.........................61

鳄梨.............................62

鳄蜥.............................62

洱海.............................62

鸸鹋.............................63

F

法螺.............................63

番茄.............................64

番石榴.........................64

鲱鱼.............................65

分龙雨.........................65

酚酞.............................66

焚风.............................66

鼢鼠.............................66

酆都城.........................67

凤鲚.............................67

芙蕖.............................68

茯苓.............................68

蜉蝣.............................69

蝠鲼.............................69

蝮蛇.............................70

覆盆子.........................70

G

干冰.............................71

甘蓝.............................71

甘石星经.....................71

甘薯.............................72

甘蔗.............................72

葛藤 72

蛤蜊 73

隔辙雨 73

恭王府 74

珙桐 74

贡嘎山 75

贡山树蛙 75

狗尾草 75

枸杞 76

姑恶 76

骨顶鸡 77

圭表 77

鳜鱼 77

郭守敬 78

H

奋苔屯 78

哈士蟆 79

海带 79

海蜇 79

蚶子 80

邯郸 80

旱獭 81

菡萏 81

貉子 82

豪猪 82

何首乌 83

河蚌 83

合欢 83

阖闾风 84

鹖鸡 84

黑鹳 85

黑颈鹤 85

黑鹔 85

黑曜石 86

黑掌树蛙 86

红豆杉 86

红蓼 87

虹鳟 87

鸿鹄 88

滹沱河 88

槲栎 89

蝴蝶 89

琥珀 90

瓠瓜 91

花蔺 91

花榈木 91

花椒 92

花面狸 92

花信风 93

骅骝 93

画眉 94

槐树 94

环尾狐猴 95

黄骠马 95

黄檗 96

黄连 96

黄栌 96

黄芪 97

黄芩 97

黄鳝 98

黄羊 98

黄鼬 98

蝗虫......99
灰菜......99
灰鹤......100
回青橙......100
茴香......100
蟋蟀......101
火铳......101
火烈鸟......102

J

鸡冠花......102
芨芨草......103
鸡枞......104
蒺藜......104
蕺菜......105
鹡鸰......105
鲀鱼......105
麂子......106
荠菜......106
鲫鱼......106
檵木......107
嘉陵江......107
夹竹桃......108
荚蒾......108
蛱蝶......108
贾思勰......109
箭镞......109
江蓠......110
江珧......110
茳芏......111
豇豆......111

鹪鹩......111
桔梗......112
金身蛙......112
锦鸡......113
荩草......113
荆州......114
惊蛰......114
井冈山......115
镜泊湖......116
雎鸠......116
柜柳......117
蒟蒻......117
卷柏......118
飓风......118

K

喀斯特......119
康乃馨......120
匼河......120
会稽山......121
空心菜......121
崆峒......122
孔雀......122
苦槠......123
蒯草......123
蛞蝓......124

L

蝲蛄......124
辣椒......125

莱菔...............................125
涞源...............................126
梾木...............................126
䴗鹩...............................126
蓝点颏...........................127
蓝鲸...............................127
澜沧江...........................128
懒猴...............................128
莨菪...............................128
阆中...............................129
老鹰...............................130
簕榄...............................130
簕竹...............................130
礌石...............................131
狸猫...............................131
犁头龟...........................132
李淳风...........................132
鲤鱼...............................133
鳢肠...............................133
荔枝...............................134
连翘...............................134
椋鸟...............................135
鬣羚...............................135
临朐...............................136
临淄...............................136
灵隐寺...........................136
凌日...............................138
凌霄花...........................138
刘徽...............................138
刘焯...............................139
泸沽湖...........................139

鸬鹚...............................140
鹭鹤...............................140
阊山...............................140
伦琴...............................141
罗睺...............................141
螺髻山...........................142
落下闳...........................142
漯河...............................143

M

麻花艽...........................143
鳗鲡...............................143
曼陀罗...........................144
芒砀山...........................144
蟒蛇...............................145
猫头鹰...........................145
茅山...............................146
牦牛...............................146
玫瑰...............................146
梅文鼎...........................147
缅甸...............................147
面包果...........................148
岷山...............................148
明庶风...........................148
冥王星...........................149
摩羯座...........................149
莫高窟...........................150
牡蛎...............................150
苜蓿...............................150
幕府山...........................151

N

纳木错 151
南迦巴瓦 152
鲶鱼 152

P

盘羊 153
匏瓜 153
裴秀 153
鹏鹞 154
芼蓝 154
鄱阳湖 154
菩提树 155
蒲公英 156
蒲葵 157

Q

凄风 157
戚继光 158
蜞鳅 158
杞柳 159
荨麻 159
遣昼 159
茜草 160
蜣螂 160
荞麦 160
茄子 161
挈贰 161
青檀 162

青阳 162
擎天树 162
邛崃 163
邛崃山 163
蚯蚓 163
楸树 164
犰狳 164
曲阜 165
瞿塘峡 165
衢州 165
苣荬菜 166
鸲鹆 166
裙带菜 167

R

蘘荷 167
忍冬 168
日珥 168
日晷 168
日冕 169
日幢 169
蝾螈 169
儒艮 170
儒略历 171
箬竹 171

S

三七 172
三色堇 172
三叶虫 173

三趾鹬 174
杉篙 174
沙鸥 174
鲨鱼 175
山貘 175
山桐子 176
山魈 176
山楂 177
珊瑚 177
珊瑚虫 177
上雨泽 178
猞猁 178
佘山 179
歙县 179
蓍草 179
石榴 180
鲥鱼 180
授时历 181
薯蓣 181
束河 182
双髻鲨 182
水獭 183
汜水关 183
嵩阳书院 183
宋应星 184
苏眉鱼 184
苏颂 185
苏铁 185
燧石 186
孙膑 186
桫椤 187
娑罗树 187

T

苔藓 188
鲐鱼 188
昙花 189
潭柘寺 189
檀香 190
螳螂 190
滔风 191
滕王阁 191
腾蛇 192
鹈鹕 192
茼蒿 193
秃鹫 193
图灵 194
图们江 194
吐绶鸡 194
吐绶鸟 195
菟丝子 195
鼍龙 195

W

芄兰 196
王莲 196
王翳 197
榅桲 197
蕴草 197
文昌鱼 198
乌鸦 198
乌桕 199
乌鳢 199

乌苏里江 199
乌塌菜 200
乌贼 200
蜈蚣 201
梧桐 201
武昌鱼 202
武陵源 202
乌拉草 202
雾凇 203
婺源 204

X

西番莲 204
犀牛 204
蜥蜴 205
麋鹿 205
蠵龟 206
喜鹊 206
细裳蜉 206
潟湖 207
仙客来 207
苋菜 208
香椿 208
香榧 208
香蒲 209
湘妃竹 209
橡胶树 209
襄阳 210
相风旌 210
小头睡鲨 211
缬草 211

荇菜 211
徐霞客 212
萱草 212
玄武湖 213
玄序 213
鳕鱼 214
熏风 214
鲟鱼 214

Y

鸭嘴兽 215
雅砻江 215
胭脂鱼 216
炎风 216
鼹鼠 217
滟滪堆 217
扬子鳄 218
耀斑 218
野菰 219
叶猴 219
曳光弹 219
伊犁河 220
贻贝 220
沂蒙山 221
薏苡 221
鹬草 222
银杏 222
蘡薁 222
鹦鹉 223
荧惑 223
雍和宫 224

鳙鱼............................224
用材林.......................224
油茶............................225
油桐............................225
雨幡............................225
鸢尾花.......................226
岳阳楼.......................226
岳麓书院....................227
云豹............................227
陨石............................228
郓城............................228

Z

藏獒............................229
皂荚............................229
苲草............................230
蚱蝉............................230
雪溪............................230
祭遵............................231
斋堂............................231
张衡............................232
张掖............................232
獐子............................233
肇庆............................233
肇兴............................233

赭石............................234
正朔............................234
芝罘山.......................234
栀子............................235
枳椇............................235
蛭石............................235
棕榈............................236
朱鹮............................236
朱明............................237
茱萸............................237
潴龙河.......................238
竹鸡............................238
竹荪............................238
竺可桢.......................239
颛顼历.......................239
淄博............................240
髭蟾............................240
梓树............................240
紫檀............................241
邹伯奇.......................241
菹草............................242
祖冲之.......................242
醉鱼草.......................243
座头鲸.......................243

索引............................245

A

【听写提示】
1. 一种树，它的果实为常见坚果开心果；
2. 其原产于伊朗和亚洲西部，唐朝时由阿拉伯人传入中国。

【词语】 阿 月 浑 子

【注音】 āyuèhún·zi

【解释】 小乔木，亚热带旱生古老树种，名字为波斯语的汉译。中国主要栽种区为新疆。

【听写提示】
1. 一种动物，又叫地狗、两头乌，体形与黄鼬类似；
2. 它是鼠类的天敌；
3. 其夜间活动，通常是单独活动，性情凶猛，行动敏捷。

【词语】  艾 鼬

【注音】 àiyòu

【解释】 哺乳动物，栖息于开阔山地、草原、森林、灌丛及村庄附近。

【相关知识】 全世界一共有十七种鼬科种类动物，它们相互之间体形大小差异很大。伶鼬是世界上最小的食肉目动物，体重最重的只有二百五十克，而巨獭、貂熊等大型鼬科动物的体重至少可达三十千克。

　　本来臭鼬科动物也属于鼬科，但是经过基因考察后确定它们与其他鼬科动物之间有差异，因此今天被单独分为一个科。

【听写提示】

1. 这是一位德国科学家的名字；
2. 他是20世纪最重要的物理学家之一，相对论的奠基者。

【词语】

【注音】 Àiyīnsītǎn

【解释】 德国科学家，他从更新的高度，阐明了物质不灭定律和能量守恒定律的实质，指出了两条定律之间的密切关系，使人类对大自然的认识又深了一步。于1921年获得诺贝尔物理奖。

【听写提示】

1. 这是一位法国科学家的名字；
2. 他在电磁作用方面的研究成就卓著；
3. 电流单位就是用他的名字命名，简称〔A〕；
4. 他在世界科学史上有重要地位，被称作"电学中的牛顿"。

【词语】

【注音】 Ānpéi

【解释】 1. 法国化学家、物理学家。2. 电流单位。

【听写提示】

1. 一种树；
2. 从20世纪初开始就用它来造纸；

3. 它的叶子有药用价值，也可以用来作饲料；

4. 它的木材坚硬，抗腐败能力强，可用来作建筑材料。

【词语】

【注音】ānshù

【解释】常绿植物，一年内有周期性的老叶脱落现象，大多品种是高大乔木，少数是小乔木，呈灌木状的很少。

【听写提示】

1. 一种候鸟，它羽翼短，不能高飞久飞，迁徙能力相对较弱；

2. 它胆小容易受惊，受惊时仅能够短距离飞翔，随后又潜伏于草丛中；

3. 现在它已经成为家禽的一种，它的肉高蛋白、低脂肪、低胆固醇，有"动物人参"之称；

4. 它的蛋个体很小，表面有棕褐色斑点，是很好的滋补品。

【词语】 鹌鹑

【注音】ānchún

【解释】雉科中体形较小的一种，头小，尾巴短，羽毛赤褐色。

【相关知识】　　　　诗经·鹑之奔奔

鹑之奔奔，鹊之彊彊。

人之无良，我以为兄？

鹊之彊彊，鹑之奔奔。

人之无良，我以为君？

这首诗讽刺了君主丑恶的品行。

鹌鹑在中国古代就已经被当作美味佳肴，而且只有高官显贵才能够食用，据《礼记·曲礼》记载，春秋时期鹌鹑作为"上大夫之礼"出现在宫廷宴席上。在中国古代还有斗鹌鹑的民间活动，因为雄性鹌鹑生性好斗，斗鹌鹑在中国也有着悠久的历史。

　　词语"鹑衣"指破烂的衣服，因为鹌鹑尾巴上的羽毛又秃又短。

【听写提示】

　　1. 一种鱼，因为它能发出像老头咳嗽一样的声音，被称作老头鱼；

　　2. 它一般静止潜伏在海底，活动的时候十分缓慢；

　　3. 其背鳍前端的刺伸长像钓竿一样，刺的前端有皮肤皱褶伸出去，看起来很像鱼饵，它利用这样的"诱饵"摇晃，引诱猎物。

【词语】

【注音】ānkāng

【解释】属硬骨鱼类，为世界性鱼类，大西洋、太平洋和印度洋都有分布，种类多。

【听写提示】

　　1. 一种礁石；

　　2. 这种礁石在水中，从水面上看不到。

　　3. 船只最怕碰上它，如果体积和面积小，还只是有可能使船搁浅；若是体积和面积很大，船行驶的速度很快，则有可能造成船体损坏。

【词语】

【注音】ànjiāo

【解释】水中不露出水面的礁石。

【听写提示】

1. 这是一个天文学名词；
2. 它是指人们通过天文观测而推测存在的物质；
3. 其本身是不发光的，包括了不发光的天体和一些中性粒子等。

【词语】 暗 物 质

【注音】 ànwùzhì

【解释】 宇宙中的物体，在现有条件下无法直接观测到。

B

【听写提示】

1. 一种树；
2. 其叶子是圆形的，花是白色的；
3. 它的根、茎和叶都可以入药；
4. 木材是做家具常用原料之一。

【词语】  八 角 枫

【注音】 bājiǎofēng

【解释】 落叶小乔木。主要分布于中国南部地区。

【听写提示】

1. 一种常见坚果，长椭圆形，外壳与果仁均为浅黄色，外壳坚硬；

2. 这个名字是波斯语的音译，波斯语的原意为"内核"；

3. 中国的品种是由新疆引入，主要在新疆地区种植，已有一千多年的历史。

【词语】 巴 旦 木

【注音】 bādànmù

【解释】 即扁桃，果实为常见坚果。

【相关知识】 目前中国市场上常见的所谓的俗称"美国大杏仁"，其实并非杏仁，而是扁桃仁。在20世纪70年代美国的扁桃仁出口到中国时，被误译为"美国大杏仁"，并被广泛传播，其售价也比同一品种的扁桃仁贵出许多倍，在2010年中国坚果行业规范中，查出这一现象，希望消费者知道真相。

如果把所谓的"美国大杏仁"叫作"巴旦木"，也是不合适的，新疆自唐朝从古波斯引入这个品种以来，巴旦木已成了一千三百多年约定俗成的命名，只有生长在中国新疆的扁桃才能叫巴旦木。

【听写提示】

1. 一种树；

2. 它的种子可以入药，是常见中草药；

3. 这种植物全株都有毒，种子的毒性最大，吃了之后会引起腹泻，严重的甚至会引起死亡。

【词语】  巴 豆

【注音】 bādòu

【解释】常绿灌木或小乔木，主要分布于中国云南、四川等地，亦见于越南、印度和马来西亚。

【听写提示】
1. 一种石料，主要用来制造印章；
2. 这种石料是以它的产地来命名的。

【词语】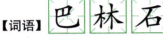

【注音】bālínshí

【解释】产于内蒙古的林西、巴林右旗一带，用于制造印章的石料。

【相关知识】中国著名印石：除了巴林石外，还有寿山石（产于福建寿山）、青田石（产于浙江青田）和昌化石（产于浙江临安昌化镇），有"中国四大名印"的说法。

【听写提示】
1. 这是一个文化名词，也是一个地理名词；
2. 指重庆、四川一带的山水。

【词语】

【注音】bāshān shǔshuǐ

【解释】巴蜀是先秦时期的地区名和地方政权名，指现今重庆、四川一带。

【听写提示】
1. 这个词出自唐代诗人李商隐的诗《夜雨寄北》，现在已成为汉语成语；

　　2. 它概括了四川盆地特有的天气现象。

【词语】 巴 山 夜 雨

【注音】 bāshān yèyǔ

【解释】 发生在四川西南山地的自然现象，受西藏高原夜间冷空气影响而形成的。

【相关知识】　　　　　夜雨寄北

唐·李商隐

君问归期未有期，巴山夜雨涨秋池。

何当共剪西窗烛，却话巴山夜雨时。

　　这首诗的大意是：你问我什么时候归来，我却不知道归期，今夜巴山下着雨，池塘都已经涨满了水，什么时候能够再和你在西窗前一起剪烛花，我会跟你倾诉今夜雨中我的思念。

【听写提示】

　　1. 一种植物，又叫金刚藤，茎上有刺，生长过程中需要攀附在其他物体上；

　　2. 它的果子为浆果，球形；

　　3. 它的茎为根状茎，可以入药。

【词语】 菝 葜

【注音】 báqiā

【解释】 多年生藤本植物，主要分布于热带地区。

【听写提示】

　　1. 一条河，发源于秦岭；

2. 这条河最初的名字为滋水，春秋时秦穆公称霸西戎后改名霸水，后来在"霸"字旁加上三点水；

3. 秦汉时期河上曾有一座木桥，叫作灞桥。

【词语】 灞河

【注音】Bà Hé

【解释】水名，在陕西省境内。

【相关知识】八水绕长安：出自西汉文学家司马相如的《上林赋》"荡荡乎八川分流，相背而异态"，此后就有了"八水绕长安"的说法，八水指的是渭河、泾河、沣河、涝河、潏河、滈河、浐河、灞河，这八条河都属于黄河水系。

【听写提示】

1. 恒星的一种，它发出白色的光，但是亮度小；

2. 它的体积很小，但是密度很大；

3. 天狼星的伴星即属于这类恒星。

【词语】 白矮星

【注音】bái'ǎixīng

【解释】一种大密度恒星。

【相关知识】在研究白矮星的质量上，钱德拉塞卡提出了白矮星的质量上限，被称作"钱德拉塞卡极限"，他也因对星体结构和进化的研究获得1983年诺贝尔物理学奖。

【听写提示】

1. 在中国古代指一个季节；

2. 中医认为绿、红、黄、白、黑五种颜色能对应不同的季节，这个季节对应的颜色为白色，所以在这个季节应多吃白色食物；

3. 这是个收获的季节，是把一年的收成储存起来的时候。

【词语】白藏

【注音】báicáng

【解释】中国古代指秋天。

【相关知识】出自《尔雅·释天》：秋为白藏，为收成。郭璞对这句的注释是：气白而收藏。大意为，秋天的时候应该把一年的收成收藏起来了。

【听写提示】

1. 鹿的一种，因为两腮和嘴边的毛为纯白色而得名；

2. 它生活在高寒地区，只分布在中国的青藏高原。

【词语】白唇鹿

【注音】báichúnlù

【解释】中国特有的珍稀鹿种。

【相关知识】白唇鹿是在中国的青藏高原特殊气候条件下演化而来的，因为它们的栖息地人烟稀少，所以直到19世纪才被研究人员发现。因为人类活动的影响，这个种群的数量在不断下降。

【听写提示】

1. 一种水鸟，会游泳也会潜水；

2. 它的嘴的尖端呈钩状。

【词语】白额鹱

【注音】bái' éhù
【解释】鸟，体形较大，生活在海边，以鱼类和软体动物为食。

【听写提示】
1. 一种矿物质，由古生物的残骸聚积而成；
2. 它的颜色为白色，质地又很软，因此经常用作粉刷涂料。

【词语】白垩
【注音】bái' è
【解释】石灰岩的一种。主要分布在西欧白垩纪的地层中。
【相关知识】1. 牙齿的牙根部分的主要成分为白垩质；
2. 古代的粉笔通常是用天然白垩制成的。

【听写提示】
1. 在欧洲常见的鸟类，常常在屋顶或烟囱上筑巢；
2. 它是德国的国鸟；
3. 其被认为是吉祥的象征，有"送子鸟"的美誉。

【词语】白鹳
【注音】báiguàn
【解释】大型水鸟，鹳的一种，羽毛主要为白色，翅膀尖端有黑色羽毛，成鸟有细长的红颜色的腿和喙。

【听写提示】
1. 一种树，树皮是白色的，因此得名；

2. 它的树皮无论在哪个季节都会分层脱落；

3. 其树皮可以提炼出油，作为化妆品的香料；

4. 俄罗斯盛产这种树，许多诗人以此为题，撰写过诗歌。

【词语】 白桦

【注音】 báihuà

【解释】 落叶乔木，耐寒，是寒冷地区造林的优良树种。可以制作胶合板和造纸等。

【相关知识】

白 桦

俄·叶赛宁

有一株白桦，立在我窗旁，覆盖着积雪，像披着银霜。毛茸茸的枝上冰凌儿挂满，像雪做的衣边——流苏闪闪。白桦笼罩着梦似的寂静，金色的火星在雪花上跃动。朝霞懒懒地照在它四周，将更多的银屑洒遍枝头。

【听写提示】

1. 一种草，开紫色花，又写作"白及"；

2. 根据《本草纲目》记载，这种草是因为地下根是白色的并且相互牵连而得名；

3. 它的地下茎块可以入药。

【词语】 白芨

【注音】 báijí

【解释】 多年生草本植物。中国特产种类。

【相关知识】 关于"白芨"名称由来的传说：

1. 有一个叫白芨的犯人，因为被刑讯逼供而受伤流血不止，好心的狱卒想要帮他治伤，就依照白芨的指示用了一种草，结果真的治好了他的伤，因此白芨就成了这种消炎止血的草药的名字。

　　2.　有一个叫白芨的农夫，他用一种草药治好了一位将军的伤，皇帝为此要赏赐这个农夫，这个农夫只是要求要用自己的名字白芨为这种草药命名，并且编入到药书之中。

【听写提示】

　　1.　一种天文现象，看上去就像白色的虹穿日而过，出现这种现象，表示天气会有变化；

　　2.　在中国古代，人们认为出现这种现象，预示着人间要有重大的变故。

【词语】

【注音】 báijiàng guànrì

【解释】 一种天文现象

【相关知识】 1.　虹，读作jiàng，不要误读成hóng。

　　2.　汉·刘向《战国策·魏策四》：聂政之刺韩傀也，白虹贯日。大意是：聂政刺杀韩傀的时候，一道白光直冲上太阳。出现这段话的篇目后人加上了题目《唐雎不辱使命》，讲的是战国时期安陵国的臣子唐雎带着国主的使命，成功说了想要占领安陵国的秦王，保存了安陵国的故事。

【听写提示】

　　1.　中国特产资源昆虫之一；

　　2.　其分泌物为虫白蜡，是高级动物蜡；

　　3.　中国有放养这种昆虫的悠久历史。

【词语】

【注音】báilàchóng

【解释】昆虫，雌虫无翅，体节区分不明显，雌虫一生只有卵、若虫、成虫三个阶段，雄虫有卵、幼虫、蛹、成虫四个阶段。

【听写提示】

1. 一种树，又叫作"梣（读音：cén）"；
2. 树皮叫作"秦皮"，中医用作清热药；
3. 枝条可编筐；
4. 它产出的白蜡可制蜡烛或药丸蜡质壳、涂蜡纸、密封容器等。

【词语】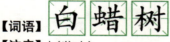

【注音】báilàshù

【解释】落叶乔木。在中国种植范围广，主要用来放养白蜡虫生产白蜡，尤其以西南地区最多。

【听写提示】

1. 一种植物，有的地方称之为山地瓜、野红薯或山葡萄秧；
2. 它的根有药用功能，能够清热解毒；
3. 这种植物一般生长在坡地。

【词语】

【注音】báiliǎn

【解释】多年生蔓生藤本植物，叶片呈手掌状，果实球形，根块可入药。

【听写提示】

1. 一种化学物品，因呈现出无色或淡黄色而得名，又叫作黄磷；

2. 它在暗处能发光，这种光叫作磷光；

3. 在空气中能自燃，因为这种特性被用来制作烟火、烟幕弹等；

4. 有很强的毒性。

【词语】

【注音】 báilín

【解释】 一种化学物品。

【相关知识】 磷因为呈现出的颜色不同，还有黑磷、红磷、紫磷，黑磷的使用价值不大，红磷可以制作火柴的摩擦面，紫磷具有金属光泽，因此又被叫作金属磷。

【听写提示】

1. 小型吸血昆虫，它在吸血方面与蚊子相似；

2. 它在吸食人血的过程中，传播多种疾病。

【词语】

【注音】 báilíng

【解释】 昆虫，体形小，体表有很多细长的毛。

【听写提示】

1. 一种水鸟，以鱼虾为食，又叫鹭鸶，羽毛为白色，腿细长；

2. 它的头部后方有两根细长的装饰性羽毛，有二十厘米左右长；

3. 它的蛋颜色很特别，为浅蓝色。

【词语】 白鹭

【注音】 báilù

【解释】 鹭的一种。主要分布于中国南方如厦门、重庆等地。

【相关知识】 唐·张志和《渔歌子》：西塞山前白鹭飞，桃花流水鳜鱼肥。这两句诗描绘的是，白鹭在西塞山前自由地飞翔，流水上漂浮着落下的朵朵桃花，水里的鳜鱼也正是长得很好的时候。

【听写提示】

1. 二十四节气中的第十五个节气，在9月的7日、8日或9日；

2. 从这个节气开始，天气渐渐转凉，清晨的时候会在地面或植物的叶子上发现露珠，因此得名。

【词语】 白露

【注音】 báilù

【解释】 二十四节气之一。

【相关知识】 俗语：1. 白露白迷迷，秋分稻秀齐。这是预测收成的一种方法，如果在白露前后真的出现了露水，那么晚稻就会有好的收成。

2. 处暑十八盆，白露勿露身。这句话的大意是，处暑这个节气的时候还是很炎热，每天得用一盆水冲澡，过了十八天，也就是用了十八盆水之后，天气转凉，就不能再赤膊了。

【听写提示】

1. 一种草，又叫茅草，它的花穗上有着密密的白毛，因此得名；

2. 它的根状茎可以吃，也可以入药；

3. 它的叶子是用来编蓑衣的原材料。

【词语】

【注音】 báimáo

【解释】 多年生草本植物。

【听写提示】

1. 一种动物，有"水中大熊猫"之称；

2. 其视力几乎为零，依靠回声定位了解环境变化的情况；

3. 最后一次得到证实在野外发现这种动物，是2004年8月在长江南京段发现的一头搁浅死去的尸体；

4. 它是中国国家一级野生保护动物，世界十二种最濒危动物之一。

【词语】

【注音】 báiqítún

【解释】 中国特有的小型淡水鲸类，仅产于长江中下游。身体呈纺锤形，全身皮肤裸露无毛，有恒定体温。

【听写提示】

1. 秦始皇兼并六国的重要将领，他功勋赫赫，被封为武安君；

2. 据梁启超考证，整个战国期间共战死两百万人，他杀死的占二分之一，所以人称"人屠"。

【词语】

【注音】Bái Qǐ

【解释】战国时期秦国军事家。

【相关知识】1. 秦始皇追念白起的战功，赐给白起的儿子封地，即今天的太原，白起的后代都生活在太原。

2. 战国四大名将：在《千字文》中有这样一句"起翦颇牧，用军最精"，说的就是战国时期的四大名将白起、王翦、廉颇和李牧。

【听写提示】

1. 这是一个地理名词，指中国的一个区域；
2. 这个区域以长白山和黑龙江为代表性地理标志。

【词语】

【注音】báishān hēishuǐ

【解释】指中国东北地区。白山，指的是长白山；黑水，指的是黑龙江。

【听写提示】

1. 一种草，又叫紫苏，茎有四个棱，嫩叶可以食用；
2. 它的种子很小，可以榨油；
3. 其叶子可以当作蔬菜，也能制作咸菜；
4. 它的茎、叶和种子都可以入药。

【词语】

【注音】báisū

【解释】一年生草本植物。叶子叫苏叶，种子叫白苏子。在中国栽培很广泛，主要供药用和制作香料。

【听写提示】

1. 一种鸟，又叫白头翁，它双眼上方羽毛为白色，因此得名；
2. 它以农林害虫为食物，是益鸟；
3. 它既吃动物性食物，也吃植物性植物，是杂食鸟。

【词语】 白 头 鹎

【注音】 báitóubēi

【解释】 小型鸟类，多见于长江以南地区。

【相关知识】 有一种叫乌头翁的鸟和白头鹎长得很像，乌头翁头顶是黑色的，而白头鹎头顶是白色的，其余地方这两种鸟都很类似。

【听写提示】

1. 一种鸟，又叫白雉；
2. 它叫声很哑不清脆，所以又称"哑瑞"；
3. 有"闲客"的别号，因为它走起路来显得很悠闲；
4. 在中国自古以来就是名贵的观赏鸟；
5. 清朝五品文官官服上的图案就是这种鸟。

【词语】 白 鹇

【注音】 báixián

【解释】 大型鸟类，雄鸟尾部有很长的白色羽毛。

【相关知识】 白鹇自古以来就深得文人的喜爱，并留下了很多诗文。

唐代大诗人李白有一次去朋友家，见到朋友家养了一对白鹇，这对白鹇不但外形很漂亮，而且还能乖乖地到主人手上取食吃，李白非常喜欢，愿意用一对白璧玉来换这对白鹇，朋友把白鹇送给李白，没有要那对白璧，但是想要李白的一首诗。于是李白写了一首《赠黄山胡公晖求白鹇》诗："请以双白璧，买君双白鹇。白鹇如白练，白雪耻容颜。照影玉潭里，刷毛琪树间。夜栖寒月静，朝步落花间。我愿得此鸟，玩之坐碧山，胡公能辄送，笼寄野人还。"这首诗突出了白鹇的两个特点，羽毛洁白，性格安静，还有诗人得到白鹇之后的喜悦心情。

北宋诗人梅尧臣也很喜欢白鹇，他曾以《白鹇》为题写过一首诗："乔木暗雪花，晴川下白鹇。春云生岭上，积雪在岩间。绿草张新翳，柔葆总翠鬖。时哉养文素，不羡雉斑斑。"这首诗的大意是描写了白鹇的美与优雅，以及引申出它有高尚的精神，努力修身，不羡慕其他的鸟类。

北宋文学家苏轼在《杏花白鹇》诗中咏道："天公剪刻为谁妍，抱蕊游蜂白作团。把酒惜春都是梦，不如闲客此闲看。"诗人自喻闲客，举樽赏玩花间白鹇，闲散自在。

【听写提示】

1. 这是一个内陆湖，有"华北明珠""北国江南""鱼米之乡"多种美誉；

2. 这里是以当代作家孙犁为代表的文学流派"荷花淀派"的诞生地；

3. 这里有小兵张嘎的故事，在文学作品和影视作品中多有体现；

4. 赞美这里的最著名的诗莫过于康熙的"可笑当年巡幸远，依稀吴越列行营。早知燕赵有此境，何必千里下江南！"

【词语】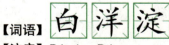

【注音】 Báiyáng Diàn

【解释】 河北省第一大内陆湖。

【听写提示】

1. 一种鸟，羽毛呈褐色，有白色斑点；

2. 这种鸟虽然在外形上没有突出的地方，但是叫声非常悦耳，因此提到优美动听的声音，首先想到的是这种鸟的叫声；

3. 它以农林害虫为食，是益鸟。

【词语】 百灵

【注音】 bǎilíng

【解释】 小型鸣禽。主要分布于中国北部的草原上。

【听写提示】

1. 一种候鸟，体形与鸽子类似；

2. 它的羽毛以灰色为主；

3. 因为它具有较高的营养价值，目前中国有很多人工饲养的。

【词语】 斑鸠

【注音】 bānjiū

【解释】 候鸟，以种子为食。广泛分布于温带和热带地区。

【相关知识】 1. 闻一多《大暑》："今天是大暑节，我要回家了！今天的日历他劝我回家了。他说家乡的大暑节是斑鸠唤雨的时候。"

2.
　　　　　　鸣鸠
　　　　　宋·谢迈
　　云阴解尽却残晖，屋上鸣鸠唤妇归。
　　不见池塘烟雨里，鸳鸯相并浴红衣。

　　这首诗的大意是，傍晚的时候，屋顶上的斑鸠鸣叫着，仿佛是召唤妇人赶紧回家。池塘中烟雨蒙蒙，鸳鸯仿佛穿着红色的衣服，成双成对地在一起。

【听写提示】

1. 一种动物，外形类似山羊；
2. 其喉部有一大块白斑，因此得名；
3. 它善于跳跃，栖息在山顶岩石间。

【词语】 斑 羚

【注音】 bānlíng

【解释】 哺乳动物。中国国家二级保护动物。

【听写提示】

1. 一种昆虫，农林害虫，有剧毒；
2. 在古希腊时期，医学家希波克拉底就记载了这种昆虫的药效。

【词语】 斑 蝥

【注音】 bānmáo

【解释】 有鞘翅的甲壳昆虫。背部有三条黄色或棕黄色的横纹，腹部黑色，身体散发出臭味。

【听写提示】

1. 一种树，也称小橡树；
2. 它是世界上最大的开花植物，在西方是"强大"的象征；
3. 其种子可以提取淀粉；
4. 它的树皮是软木的原材料，软木是一种环保的装潢材料；

5. 葡萄牙对这种树资源充分利用，被称为"枹树上的国家"。

【词语】

【注音】 bāoshù

【解释】 落叶乔木，全株植物含有白色黏性的乳汁。

【听写提示】

1. 一种树，是柿树的一个变种，又叫油柿、漆柿；
2. 它的果实不可食用，但汁液可以用来做涂料。

【词语】 椑 柿

【注音】 bēishì

【解释】 落叶乔木，果实小，青黑色。

【听写提示】

1. 一种高可达二十米的高大树木，又叫贝多，开乳白色花，有臭味；
2. 它一生中只开一次花，开过花后就死亡了；
3. 其原产于印度、斯里兰卡等地区，引入中国已有七百多年的历史，现在在西双版纳的寺院内有少量种植。

【词语】

【注音】 bèiyèzōng

【解释】 常绿乔木。它的叶子叫贝叶，可以制成扇子，也可用作书写的材料，有些佛经就写在贝叶上，这种佛经叫作贝叶经。

【听写提示】

1. 镇子名，这个镇子已有千年历史；
2. 相传在唐朝时，这里有两棵高大的栟树和茶树，这里居民的重大活动都围绕这两棵树，这个镇子因此命名；
3. 在唐朝这里是重要的煎盐场地。

【词语】
【注音】 Běnchá
【解释】 中国历史名镇，位于江苏省。

【听写提示】

1. 一种植物，根茎球状，可以食用，因为根的形状它又被称为"马蹄"；
2. 它味甜多汁，被誉为"地下雪梨"；
3. 其营养丰富，有"江南人参"的美誉。

【词语】
【注音】 bí·qi
【解释】 草本植物，根茎可以食用，皮紫黑色。

【听写提示】

1. 河南省的一个县城，位于泌水的北面，在中国古代山南水北称作"阳"，这个地方因此得名；
2. 境内有盘古山，据传是盘古开天辟地的地方，因此每年农历三月初三会有拜盘古的庙会。

【词语】

【注音】Bìyáng
【解释】河南的县城名。

【听写提示】
1. 一种爬藤植物，叶子呈心形；
2. 它根状茎圆柱形，黄褐色，可以入药。

【词语】萆薢
【注音】bìxiè
【解释】多年生藤本植物。分布于中国福建、湖南等地。

【听写提示】
1. 一种植物，茎的纤维可以用来造纸、做绳子；
2. 它的种子可以提炼医用或工业用油。

【词语】蓖麻
【注音】bìmá
【解释】一年生或多年生草本植物，种子叫蓖麻子，榨出的油叫蓖麻油。

【听写提示】
1. 绿茶的一种，中国十大名茶之一；
2. 这种茶在中国有悠久历史，传说清康熙皇帝南巡苏州时为其赐名。

【词语】碧螺春

【注音】bìluóchūn

【解释】一种绿茶，蜷曲成螺状。这种茶产于江苏省苏州市太湖的洞庭山。

【相关知识】碧螺春最早产自洞庭东山碧螺峰，据传"碧螺春"这个名字还是康熙皇帝巡游太湖的时候起的，从那个时候起碧螺春就成为年年进贡的贡茶。

【听写提示】

1. 一种动物，又称钱龙、蝎虎，是蜥蜴的一种；
2. 它脚趾末端有黏附能力，能在墙壁上爬行，因此得名；
3. 这种动物在遇到危险时，可以使尾巴掉落，借此机会逃生，过后尾巴还会长出来；
4. 在中国民间传说中，这种动物的尿有剧毒；
5. 其以蚊子、苍蝇等昆虫为食，在这方面对人类是有益的。

【词语】壁 虎

【注音】bìhǔ

【解释】爬行动物。遍布于世界上各温暖地区。

【听写提示】

1. 这是一个科学家的名字，他把数学应用到天文学的测量与计算中，开唐宋历法家以公式算法制作天文表的先河；
2. 它创立了晷影公式——中国历法史上第一例三次函数。

【词语】边 冈

【注音】Biān Gāng

【解释】唐代科学家。

　1. 一种草，开绿白色或红色小花；

　2. 全草可以入药。

【词语】 萹 蓄

【注音】 biānxù

【解释】 一年生草本植物。主要分布在北温带，中国各地都有分布。

【听写提示】

　1. 一种动物，头和躯干像老鼠，四肢和尾部之间有皮质膜，因此能够飞翔，是唯一能够真正飞翔的兽类；

　2. 它昼伏夜出，夜间出来捕食；

　3. 其视力很弱，全靠自身发出的超声波来回声定位做它行动的向导。

【词语】 蝙 蝠

【注音】 biānfú

【解释】 哺乳动物。分为大蝙蝠（又叫食果蝠）和小蝙蝠（又叫食虫蝠）两大类。

【相关知识】 为什么蝙蝠是哺乳动物而不是鸟类？

　尽管蝙蝠能够在空中飞行，但是它们却不像鸟类一样产卵，然后孵化，而是胎生、哺乳，因此蝙蝠属于哺乳动物而不是鸟类。

　"蝠"与"福气"的"福"同音，因此在中国古代这种动物的形象被当作福气的象征用在服饰或建筑中。

【听写提示】

　1. 牛郎星以及它旁边两颗小星星的俗称；

2. 在中国民间牛郎织女的传说中，织女回到天上后，牛郎每年用扁担挑着他的两个孩子去见织女。

【词语】

【注音】biǎn · danxīng

【解释】星星的名字。

【相关知识】牛郎织女的传说：牛郎是个孤苦伶仃又勤劳勇敢的青年，他与家中的一头老牛相依为命。一天，老牛突然开口说话了，它告诉牛郎去池塘边，那里有很多仙女在洗澡，然后拿走岸边红色的衣服藏起来，这样那个仙女就是牛郎的妻子了。牛郎听从了老牛的话，他藏起红色的衣服后，其他仙女匆忙穿上自己的仙衣飞走了，只留下了一个仙女，就是红色衣服的主人，这个仙女就是织女。织女就留下来做了牛郎的妻子，他们成亲后，男耕女织，织女生了两个孩子，一家人过着幸福的日子。王母娘娘知道这件事后，派人捉拿织女，把织女带回了天庭，在织女的苦苦哀求下，王母娘娘才允许他们一家人每年的七月初七团聚一次，这一天牛郎就会用扁担挑着两个孩子去见织女。

根据这个美丽的传说，中国古人给天上的星星取名牵牛星、织女星、扁担星。

【听写提示】
1. 一种植物，主要生长于水边；
2. 嫩草可以用作动物饲料，粗老之后可以用来造纸、编织草席草鞋；
3. 可以用它的杆来包扎东西。

【词语】

【注音】 biāocǎo

【解释】 多年生草本植物，茎呈三棱形。

【听写提示】

1. 一种植物，又叫作木波罗；
2. 高可达二十米的高大乔木，小花聚积在一起呈椭圆形；
3. 果实可以吃，皮黄褐色，果肉黄色。

【词语】

【注音】 bōluómì

【解释】 常绿乔木。又写作菠萝蜜，生长于湿热地区。

【听写提示】

一种器物，在中国古代军队中使用，作用相当于军号。

【词语】

【注音】 bōluó

【解释】 中国古代军队中的一种号角，由海螺的壳做成。

【相关知识】 明·戚继光《纪效新书·号令》：凡吹哱罗，是要众兵起身。大意是，当哱罗吹响的时候，士兵们就要起床了。

【听写提示】

1. 一种水果，又叫凤梨，呈长圆形，外皮是黄色的；
2. 其外壳分成很多六边形，每个六边形的中间都突起并且坚硬；
3. 它的果肉黄色或者白色，中间有很硬的芯；
4. 吃这种水果的时候，果肉需要浸泡在盐水里，为了去掉一种蛋白酶，这种酶容易使吃的人过敏。

【词语】

【注音】bōluó

【解释】常见热带水果。

【相关知识】凤梨酥——台湾特产点心。传统凤梨酥的馅主要采用的是冬瓜，只是加一定比例的凤梨。

【听写提示】

1. 一种鸟，又称胡不拉、屠夫鸟；
2. 其嘴上部前端有钩，类似鹰嘴，性情凶猛；
3. 它是重要的食虫鸟类。

【词语】

【注音】bóláo

【解释】一种鸟。生活在树木茂密地区。

【听写提示】

1. 中国历史文化名城，位于安徽省；
2. 老子、庄子都是这里人；
3. 欧阳修、曾巩、晏殊等曾相继在这里为官。

【词语】亳 州

【注音】Bózhōu

【解释】安徽省的一个城市。

【听写提示】

1. 一种风；

2. 这种风主要出现在中国的长江中下游地区；

3. 刮这种风的季节是盛夏时节，梅雨季节结束后。

【词语】 舶 棹 风

【注音】 bózhàofēng

【解释】 梅雨季节结束，盛夏时节开始时强盛的东南风。

【相关知识】 1. 宋·苏轼《舶棹风》：三时已断黄梅雨，万里初来舶棹风。这两句诗中说的"三时"指的是夏至后半个月，说明了舶棹风与黄梅雨的关系，夏至过了半个月后梅雨季节也就结束了，盛夏季节到来，于是刮起了东南风，这种风叫作舶棹风。

2. 梅雨季节：指每年的六七月份在中国长江中下游地区和台湾地区、日本中南部以及韩国南部等地出现的持续阴雨天，由于这段时间正是江南梅子成熟的季节，所以就叫梅雨季节。这种说法出自唐代文学家柳宗元的《梅雨》中"梅实迎时雨，苍茫值晚春"这句，大意就是梅子的果实迎着这个季节的雨，正是晚春时候。

【听写提示】

1. 一种鸟，羽毛黑褐色；

2. 要下雨或雨后天刚放晴时，这种鸟会在树上咕咕叫，所以又叫水鹁鸪。

【词语】 鹁 鸪

【注音】 bógū

【解释】 鸟，羽毛黑褐色。

【相关知识】1. 宋·苏轼《望江南（暮春）》：百舌无言桃李尽，柘林深处鹁鸪鸣。暮春指的是春末，这两句诗的大意是，百舌鸟这个时候已经不叫了，桃花李花也都开败了，林子深处能听到鹁鸪的叫声。

2. 云中鹁鸪国：出自古希腊戏剧家阿里斯托芬的戏剧代表作《鸟》，在这出戏剧中两个雅典人因为对雅典的生活很不满，而想找到一个自由自在的地方生活，于是他们找到了传说中的鸟国，在鸟国国王的建议下，他们想要建造一个自由平等的国度即云中鹁鸪国。后来用云中鹁鸪国来指代理想国。

【听写提示】
1. 一种草，茎和叶有清凉的香气，可入药，也可做调味品；
2. 它提炼出的芳香化合物有植物的香气，多用于食品和日用品。

【词语】
【注音】bò·he
【解释】多年生草本植物。主要生长在水旁潮湿的地方。

【听写提示】
1. 化学用语，指一种物质；
2. 这种物质是叶绿色、血红蛋白等的重要组成部分。

【词语】
【注音】bǔfēn
【解释】有机化合物。

【听写提示】

1. 一个港口，位于安徽省境内；
2. 发生在这里的采石之战是中国历史上著名的以少胜多的战役；
3. 传说唐代大诗人李白在这里因醉酒想要捉水中的月亮而淹死；
4. 现代文学家郁达夫曾写有同名小说。

【词语】

【注音】 Cǎishí Jī

【解释】 长江中游南岸的一个港口。

【相关知识】 据传说，这里是李白喝醉的时候为了捉月亮溺死的地方。有许多人慕名前去吊唁李白，其中有很多人在附近的石壁上题诗来赞颂这里，但水平都很一般。明朝一位文学家梅之焕在游山玩水的时候经过这里，见到石壁上的诗词之后，连连摇头叹气，于是提了一首《采石江边》，讽刺了那些功力不到家的人。

采石江边

明·梅之焕

采石江边一抔土，李白之名高千古。
来来往往一首诗，鲁班门前弄大斧。

【听写提示】

1. 一种动物结成的壳，白色，椭圆形；
2. 蚕在这里面会变成蛹；

3. 它是缫丝的原材料。

【词语】

【注音】 cánjiǎn

【解释】 蚕吐丝结成的壳。

【听写提示】
1. 一种动物的屎；
2. 它是黑色的，颗粒状，可以入药。

【词语】

【注音】 cánshā

【解释】 桑蚕的屎。

【听写提示】
1. 粮食作物，是非洲和印度人的主食，又称非洲黍；
2. 在江苏有用这种植物的果实酿成的酒，是一种烈性酒。

【词语】

【注音】 cǎn · zi

【解释】 一年生草本植物，子食椭圆形，可以食用。

【听写提示】
1. 鹰的一种，身体暗褐色，上嘴弯曲成钩状；
2. 它性情凶猛，视力非常好，爪尖锐，适合捕猎；

3. 其主要以小型鸟、鼠和兔子等为食物。

【词语】
【注音】 cāngyīng
【解释】 中小型猛禽。

【听写提示】
1. 一种鸟，即黄鹂；
2. 这种鸟羽毛为黄色；
3. 其叫声清脆悦耳；
4. 它是吃虫子的益鸟；
5. 这种鸟一般没有迁徙行为。

【词语】
【注音】 cānggēng
【解释】 鸟，除局部有黑色外，羽毛整体为黄色，叫声婉转动听。

【相关知识】 1. 鸧鹒也可写作仓庚。

2. 唐·杜甫《绝句》：两个黄鹂鸣翠柳，一行白鹭上青天。这两句诗的大意是，两只黄鹂在翠绿的柳树上鸣叫，一行白鹭飞上青天。

3. 唐·杜甫《蜀相》：映阶碧草自春色，隔叶黄鹂空好音。这两句诗的大意是，台阶前生长着碧绿的草，显示着春天的颜色，黄鹂叫声清脆悦耳。

【听写提示】
1. 一种草，寄生在桦木类植物的根部；
2. 它的茎紫褐色，肉质，开紫色花，叶子黄褐色鳞片状；

3. 全草可入药。

【词语】 草苁蓉

【注音】 cǎocōngróng

【解释】 一年生草本植物。主要分布在中国的黑龙江、吉林和内蒙古。

【听写提示】

1. 一种植物，又称满山香、观音茶、九节花、接骨木；
2. 它的果实很小，球形，红色；
3. 其具有极高的药用、食用价值。

【词语】 草珊瑚

【注音】 cǎoshānhú

【解释】 常绿灌木。主要生长在山坡、沟谷林下阴湿处。

【听写提示】

1. 一座山，位于河南省；
2. 它像一座巨大的盆景，因此有"中华盆景""奇石王国"的美誉；
3. 据传吴承恩游览这座山后产生了创作《西游记》的灵感，同时这里也是中央电视台《西游记》以及续集的主要外景拍摄地；
4. 因为山势险要，这里也是历来兵家必争之地。

【词语】 嵖岈

【注音】 Cháyá

【解释】河南省境内的一座山。

【听写提示】

1. 一种高大的树木；
2. 它的树叶秋天会变成红色；
3. 它的种子可以制油漆；
4. 它的根有药用价值，可以入药；
5. 它的木材坚硬，用途很广。

【词语】 檫 树

【注音】cháshù

【解释】落叶乔木，花为黄色，果实为球形。

【听写提示】

1. 一种动物，俗称"癞蛤蟆"；
2. 传说月亮上有这种动物，所以月宫又叫"蟾宫"，又用"蟾宫"指代月亮；
3. 它在中国古代被认为是神物，能够辟邪。

【词语】 蟾 蜍

【注音】chánchú

【解释】两栖动物，身体表面有许多疙瘩，内有毒腺。

【相关知识】 1. 癞蛤蟆想吃天鹅肉：癞蛤蟆是陆地上很丑陋的生物，而天鹅是天空中很优雅的生物，癞蛤蟆是不可能吃到天鹅肉的，所以用这个词语来比喻人没有自知之明，一心想要谋求自己配不上、不可能得到的东西。

2.
雨后望月
唐·李白

四郊阴霭散，开户半蟾生。

万里舒霜合，一条江练横。

出时山眼白，高后海心明。

为惜如团扇，长吟到五更。

"半蟾"这里指的是弯月，这首诗的大意是，当野外阴云散开的时候，打开窗户看见一弯月亮慢慢升上云端，万里原野大雾弥漫，有一条大江横在那里。月亮刚升起的时候山中的泉眼透着白色，当月亮高高升上天空的时候海水都透出了光明。这是因为怜惜这像团扇一样的月亮，才没有睡觉，在这里吟诗到天亮。

3.
八月十五夜月二首（其二）
唐·杜甫

稍下巫山峡，犹衔白帝城。

气沈全浦暗，轮仄半楼明。

刁斗皆催晓，蟾蜍且自倾。

张弓倚残魄，不独汉家营。

这首诗的大意是，月亮慢慢落下了巫峡，还挂在白帝城，江上雾气弥漫，月亮却照得半座楼都亮了，兵营里士兵的刁斗响起来了，已经到了早晨，月宫的蟾蜍也因此倾斜了，圆月如同张满的弓，不仅仅照耀汉家营盘。

【听写提示】

指一种岩石，这种岩石高而且险，也用来形容山势险峻。

【词语】

【注音】 chányán

【解释】 高而险的山岩。

【相关知识】 1. 唐·李白《蜀道难》：问君西游何时还？畏途巉岩不可攀。大意是，问问你去西边什么时候回来？恐怕途中山势险峻很难攀登吧。

2. 唐·杜甫《狄明府》：虎之饥，下巉岩。大意是，老虎如果饿了，就会从山林里走出来。

【听写提示】
1. 星星的名字，在中国古代指彗星；
2. 这种星星被认为是凶星，它的出现是一种不吉利的象征。

【词语】 欃 枪

【注音】 chánqiāng

【解释】 中国古代对"彗星"的称法。

【相关知识】 1. 欃枪也可写作搀枪。

2. 《文选·张衡<东京赋>》：欃枪旬始，群凶靡余。中国古代对突然出现的形状奇怪的彗星感到恐惧，以为是灾难即将降临的征兆，因此用来比喻邪恶势力。引文这段，指的是王莽夺权篡位后，有不祥的征兆。

【听写提示】
1. 一种石料，用来制作印章；
2. 这种石料用它的产地来命名；
3. 这种石料呈粉红色，或全红色，或红色带斑点。

【词语】 昌 化 石

【注音】 chānghuàshí

【解释】 一种产于浙江昌化一带用来制作印章的名贵石料。

【听写提示】

1. 一种植物，与兰花、水仙、菊花并称为"花草四雅"；
2. 因其有独特的香气，在中国传统文化中被认为是可防疫驱邪的灵草。

【词语】 菖蒲

【注音】 chāngpú

【解释】 多年水生草本植物，又名臭蒲、水菖蒲、泥菖蒲、大叶菖蒲、白菖蒲，叶子剑状，地下根茎为淡红色。

【听写提示】

1. 即黄昏出现于西方天空的金星，又叫太白星；
2. 早晨出现在东方天空的金星叫启明星；
3. 它是天空最亮的星星。

【词语】 长庚星

【注音】 chánggēngxīng

【解释】 中国古代对金星的称呼，长庚星的意思为常年可见的亮星。

【相关知识】 在西方文化中，金星也称作维纳斯，金星的天文符号的意思就是维纳斯的梳妆镜。

【听写提示】

1. 一座城市，位于湖南省；
2. 它历史悠久，是个多民族聚集区；
3. 这里传统习俗极为丰富，有安仁赶分社、瑶族起春节、瑶族团圆节、瑶族盘王节、伴嫁哭嫁及遍布农村各地的赶圩场等；

4. 这里拥有全国六大昆剧院团之一的湖南省昆剧团，昆剧被联合国教科文组织列为"人类口头遗产和非物质遗产代表作"。

【词语】 郴 州

【注音】 Chēnzhōu

【解释】 湖南省的一个城市。

【相关知识】 踏莎行·郴州旅舍
宋·秦观

雾失楼台，月迷津渡。桃源望断无寻处。可堪孤馆闭春寒，杜鹃声里斜阳暮。

驿寄梅花，鱼传尺素。砌成此恨无重数。郴江幸自绕郴山，为谁流下潇湘去。

这首词写于秦观因朝廷的政治斗争而被贬到郴州，词里表达的是他在郴州的旅馆中的寂寞凄凉的感触。

【听写提示】

1. 一种树，是最能适应干旱沙漠生活的树种之一，防风固沙的优良树种；

2. 它的嫩枝叶是中药材，未开花时采下嫩枝梢，阴干。

【词语】 柽 柳

【注音】 chēngliǔ

【解释】 落叶小乔木，枝条下垂，因为老枝为红色，又叫红柳。

【听写提示】

1. 一种生活在海里的动物，也是常见海鲜食材；

2. 它有两扇狭长的介壳，肉嫩味鲜。

【词语】蛏子

【注音】chēng·zi

【解释】软体动物，生活在近岸的海水里，肉可以食用。

【听写提示】
1. 道教道观，用来供奉城隍；
2. 在这里供奉的城隍，多数在历史上实有其人。

【词语】城隍庙

【注音】chénghuángmiào

【解释】用来供奉城隍的道教道观。

【相关知识】城隍，"城"原指土筑的高墙，"隍"原指护城壕，由此引申出"保护"的意思，又称城隍爷，起源于中国古代的祭祀，是《周官》八神之一，冥界的地方官。明朝开国皇帝朱元璋对城隍爷便格外崇敬，并下诏加封天下城隍，于是在明朝城隍庙格外兴盛。

【听写提示】
一种鸟，即猫头鹰。

【词语】鸱鸮

【注音】chīxiāo

【解释】鸟类，头部宽大，两只眼睛并列向前，是本类鸟区

别于其他鸟类的最大特征，嘴前端成钩状。

【相关知识】《诗经·豳风·鸱鸮》：鸱鸮鸱鸮，既取我子，无毁我室。大意是，鸱鸮啊鸱鸮，你既然夺走了我的孩子，就不要再毁坏我的巢穴了。这首诗歌的主角是一只鸟妈妈，她被凶恶的鸱鸮夺走了孩子，并且巢穴也被毁。这里用来比喻当时下层人民受到的疾苦。

【听写提示】

1. 一个县城，位于山东省；
2. 这里的剪纸闻名全国，被称作"中国民间艺术之乡"；
3. 这里另一项闻名全国的是黑陶，有二十多种黑陶作品被定为国礼；
4. 它是中国百强县之一。

【词语】

【注音】 Chípíng

【解释】 山东省的一个县城。

【听写提示】

1. 一种虫子；
2. 幼虫身体细长，行动时一屈一伸，弯曲时像个拱桥，休息时身体能斜向伸直如枝状；
3. 成虫变成蛾子，这种蛾子翅膀很大。

【词语】

【注音】 chǐhuò

【解释】 尺蠖蛾的幼虫。

【听写提示】

一种鱼，它的眼睛上方有红色斑块，又叫红眼鱼。

【词语】 赤眼鳟

【注音】 chìyǎnzūn

【解释】 属鲤科，身体呈长筒形，腹部呈圆形，后部较侧扁，是经济鱼类。

【听写提示】

1. 一种高大的树木，又名樗（读音：chū）；
2. 它的叶子又大又浓密，秋季会结红色果实；
3. 这种树是优良的造纸原料。

【词语】 臭椿

【注音】 chòuchūn

【解释】 落叶乔木，因有轻微臭味而得名。

【听写提示】

1. 城市名，这座城市历史悠久；
2. 北宋著名文学家欧阳修曾在这里做太守，他修建了醉翁亭，并写有《醉翁亭记》。

【词语】 滁州

【注音】 Chúzhōu

【解释】 安徽省的一个城市。

【相关知识】　　　　滁州西涧
唐·韦应物
独怜幽草涧边生，上有黄鹂深树鸣。
春潮带雨晚来急，野渡无人舟自横。

这首诗是中国山水诗的名篇，当时作者韦应物在滁州做刺史，描写了滁州山涧水边的幽静景象。

【听写提示】
1. 一种动物，它的身体表面有一层厚厚的、坚硬的角质鳞片；
2. 它的头小，嘴又长又尖，舌头细长，吃东西的时候伸出舌头舔取；
3. 它主要以蚁类为食。

【词语】
【注音】chuānshānjiǎ
【解释】哺乳纲鳞甲目穿山甲科。生活于丘陵杂树林潮湿地带。

【听写提示】
1. 一种昆虫；
2. 有危险时会释放臭气，借此机逃生，所以又叫放屁虫、臭大姐。

【词语】
【注音】chūnxiàng
【解释】半翅目昆虫，是半翅目中种类最多的一群。

【听写提示】

1. 一种植物，嫩茎和叶可以当作蔬菜食用；
2. 这种植物生长在水中；
3. 它营养丰富，也有保健作用。

【词语】 莼 菜

【注音】 chúncài

【解释】 多年生水生草本植物。

【相关知识】 1. **藕与莼菜（节选）**

叶圣陶

在故乡的春天，几乎天天吃莼菜，它本来没有味道，味道全在于好的汤。但这样嫩绿的颜色与丰富的诗意，无味之味真足令人心醉呢。在每条街旁的小河里，石埠头总歇着一两条没篷船，满舱盛着莼菜，是从太湖里去捞来的。像这样的取求很便，当然能得日餐一碗了。

而在这里又不然，非上馆子，就难以吃到这东西。我们当然不上馆子，偶然有一两回去扰朋友的酒席，恰又不是莼菜上市的时候，所以今年竟不曾吃过。直到最近，伯祥的杭州亲戚来了，送他几瓶装瓶的西湖莼菜，他送我一瓶，我才算也尝了新了。

2. 千里莼羹：出自《世说新语·言语》：陆机诣王武子，武子前置数斛羊酪，指以示陆曰："卿江东何以敌此？"陆云："有千里莼羹，未下盐豉耳！"大意是，陆机去见王武子，王武子拿出很多羊奶酪，问陆机：你们那里有没有比这个更美味的啦？陆机就告诉他：我们有莼菜羹，不用放佐料就已经比羊奶酪好吃了。

3. 莼鲈之思：出自《世说新语·识鉴》："张季鹰辟齐王东曹掾，在洛见秋风起，因思吴中菰菜羹、鲈鱼脍，曰：'人生贵得适意尔，何能羁宦数千里以要名爵！'遂命驾便归。俄而齐王败，时人皆谓为见机。"大意是，张季鹰当时做齐王的东曹掾（一种官职），一次见到秋风起，便开始思念家乡美味的莼菜和鲈鱼，不禁感叹：人生最重要的是要去做自己内心真正想做的事，何必要千里迢迢为了名利来做官呢。于是他就辞官回乡了。之后不久齐王兵败，当时的人都认为张季鹰辞官是因为早就预料到了这个结局。这个故事后来被传为佳话，"莼鲈之思"也就成了思念故乡的代名词。

【听写提示】

1. 一种植物，又写作慈姑，生长在水里；
2. 它的叶子箭头状，花为白色；
3. 它的地下球茎白色，可以食用。

【词语】

【注音】 cígū

【解释】 多年生草本植物。生长在阴湿草丛、田边、竹林等地。

【听写提示】

1. 一种动物，身上有硬刺，受惊吓时缩成一团，刺朝外，可以保护自己；
2. 它昼伏夜出；
3. 它以昆虫、蛇、老鼠等为食，对农林有益。

【词语】

【注音】 cì·wei

【解释】 一种身上有硬刺的哺乳动物。主要分布在欧洲、亚洲北部。

【听写提示】

1. 一种森林；

2. 原始森林经人为或自然原因遭到破坏后，能够自我修复，这种森林是修复后的；

3. 在中国这种森林所占的比重大。

【词语】 次生林

【注音】 cìshēnglín

【解释】 次生林是天然森林被破坏后，树根生出来幼树组成森林针对原生林，称之为次生林。

【听写提示】

1. 北宋四大书院之一，曾在中国书院史上占有重要地位。

2. 著名古文家、教育家、宋代理学的先驱孙复、石介是这座书院的创始人。

【词语】 徂徕书院

【注音】 Cúlái Shūyuàn

【解释】 位于今山东境内的最早、最著名的古代书院。

【听写提示】

1. 一种鸟，羽毛翠绿色，因此得名；

2. 这种鸟的嘴长而直，尾巴短；

3. 这种鸟生活在水边，以鱼虾为食。

【词语】 翠鸟

【注音】 cuìniǎo
【解释】 羽毛翠绿色的水鸟。在世界各地分布广泛。
【相关知识】 翠鸟（节选）
菁莽

翠鸟喜欢停在水边的苇秆上，一双红色的小爪子紧紧地抓住苇秆。它的颜色非常鲜艳。头上的羽毛像橄榄色的头巾，绣满了翠绿色的花纹。背上的羽毛像浅绿色的外衣。腹部的羽毛像赤褐色的衬衫。它小巧玲珑，一双透亮灵活的眼睛下面，长着一双又尖又长的嘴。

翠鸟鸣声清脆，爱贴着水面疾飞，一眨眼，又轻轻地停在苇秆上了。它一动不动地注视着泛着微波的水面，等待游到水面上来的小鱼。

【听写提示】
1. 一个镇子，位于河南省；
2. 它历史悠久，是西汉名将萧何的封地。

【词语】 酂城
【注音】 Cuóchéng
【解释】 河南省的一个镇子。
【相关知识】 1. 邱生造律萧何犯，不斩萧何律不全。据传酂城有一位姓邱的书生，他潜心读书为了参加科举，却因为主考官萧何的嫉妒而没有高中，因此他决心筑台造律，发誓要杀了萧何，后来因为一部《治汉律典》，终于使刘邦忍痛杀了萧何。

2. 唐·李白《忆旧游寄谯郡元参军》：渭桥南头一遇君，酂台之北又离群。酂台，指的是位于酂城东南的造律台，古代文化遗址，现在是中国重点文物保护单位。

D

【听写提示】

1. 大型鸟类，杂食性动物；
2. 这种鸟栖息于草原，擅于奔跑，不擅于飞翔；
3. 传说这种鸟成群活动，每群有七十只，因此得名。

【词语】

【注音】 dàbǎo

【解释】 大型地栖鸟类，嘴短，脖子长。

【听写提示】

1. 一种植物，又叫山萝卜、地萝卜；
2. 它的根从外形上看像萝卜，可以入药。

【词语】

【注音】 dàjì

【解释】 多年生草本植物。生于山坡林中、灌木丛、草地等地方。

【相关知识】 蓟，也是古代地名，是周朝燕国的国都，在今天北京的西南。

【听写提示】

一种动物，即娃娃鱼，因为它的叫声很像婴儿啼哭而得名。

【词语】  大鲵

【注音】 dàní

【解释】 现存最大的两栖动物，在水中用鳃呼吸，在陆地用皮肤及肺呼吸。

【听写提示】

1. 候鸟，迁徙时数目众多，古人称之为"雁阵"；

2. 一到秋天这种鸟准时南迁，因此在北方秋天又叫"雁天"；

3. 雁阵一般由头雁领航，加速飞行时整个雁阵呈"人"字，减速飞行时呈"一"字；

4. 这种鸟忠于配偶，因此被认为是"忠贞爱情"的象征。

【词语】 大雁

【注音】 dàyàn

【解释】 大型候鸟。

【相关知识】 惊弓之鸟：这个典故出自《战国策》，魏国有一个叫更羸的射箭能手，有一次更羸与魏王出去打猎，他们看见了空中的大雁，更羸对魏王说他不用箭就能把大雁射下来，魏王当然不相信，于是更羸摆出了射箭的姿势，却只是拉开弓没有放箭，他松开弓的时候，真的有大雁听到射箭的声音就从天上掉了下来。魏王大吃一惊，问更羸是怎么做到的，更羸说根据他的经验，这只大雁飞得很慢，叫声听上去有气无力的，说明他受过箭伤，所以它再次听到射箭的声音的时候，会误以为自己又中箭了。

后来这个故事总结成了成语"惊弓之鸟"，用来比喻有些人受过伤害，再有类似的风吹草动，就会惶恐不安。

【听写提示】

1. 古都西安的标志性建筑，原名"慈恩寺浮屠"或"慈恩寺塔"；

2. 唐代玄奘为了藏经而建。

【词语】 大 雁 塔

【注音】 Dàyàn Tǎ

【解释】 陕西西安的唐代建筑，四方形阁楼式砖塔。

【听写提示】

1. 泰山的别称；

2. 泰山不仅有壮丽的风景，还有历代帝王和文人的石刻；

3. 它是中国第一批国家级风景名胜区之一，1987年被联合国教科文组织列为世界文化与自然双重遗产，是世界上为数不多的双遗产之一。

【词语】 岱 宗

【注音】 dàizōng

【解释】 即泰山，中国名山。

【相关知识】

望 岳

唐·杜甫

岱宗夫如何？齐鲁青未了。

造化钟神秀，阴阳割昏晓。

荡胸生曾云，决眦入归鸟。

会当凌绝顶，一览众山小。

杜甫以"望岳"为题的诗共三首，这首描写了东岳泰山的雄伟，也借泰山之高表达了作者阔达的心胸。

【听写提示】

1. 一种生活在海洋中的动物，属海龟科；
2. 它的角质板可制作眼镜框或装饰品。

【词语】

【注音】 dàimào

【解释】 海龟科的海洋动物，外形与乌龟相像，甲片可入药。

【听写提示】

1. 一种动物，头部像狼，身体有老虎一样的斑纹；
2. 它可以四条腿奔跑，也可以用两条后腿跳跃；
3. 它有和袋鼠一样的育儿袋。

【词语】 袋 狼

【注音】 dàiláng

【解释】 一种灭绝物种，最后一只袋狼在1936年9月7日死于塔斯马尼亚岛上的霍巴特动物园。

【听写提示】

1. 一种鸟，又叫一品鸟，在中国明清两代，一品文官的朝服上绣的就是这种鸟；
2. 这种鸟在动物中是长寿的，因此也被当作长寿的象征；
3. 在中国的神话传说中的仙鹤就指的这种鸟。

【词语】 丹 顶 鹤

【注音】 dāndǐnghè

【解释】鹤类的一种，大型水鸟，生活在沼泽地带，身体大部分羽毛为白色，头顶有一块鲜红色。

【相关知识】　　　　　**诗经·鹤鸣**

鹤鸣于九皋，声闻于野。鱼潜在渊，或在于渚。乐彼之园，爰有树檀，其下维萚。他山之石，可以为错。鹤鸣于九皋，声闻于天。鱼在于渚，或潜在渊。乐彼之园，爰有树檀，其下维谷。他山之石，可以攻玉。

这首诗即景抒情，作者在荒野中听到了鹤鸣，看到了在水中若隐若现的鱼，往远处又看到了有树有石的园林。

秋　词
唐·刘禹锡

自古逢秋悲寂寥，我言秋日胜春朝。

晴空一鹤排云上，便引诗情到碧霄。

写作这首诗时诗人刘禹锡第一次被贬，被贬到了偏远的朗州，但是从这首诗中并没有看到诗人的消沉，正如前两句写的，自古以来一到秋天大家的感觉都是萧索凄凉，但是我要说秋天其实比春天好。后两句则表达了作者要奋发向上的一种决心，你看那晴空万里，一排鹤直上云霄，把我作诗的情趣也带到了那高处。

【听写提示】

1. 一种植物，根圆柱形，外皮土红色；
2. 它的根为中药材。

【词语】　丹　参

【注音】dānshēn

【解释】多年生草本植物。多生于山坡草地、疏林干燥地上。

【听写提示】

1. 山名，位于广东省境内，它是世界地质公园；
2. 这座山由红色沙砾岩构成，景色独特；
3. 山里有独特的兰花——丹霞达摩兰，盛产白毛尖茶。

【词语】 丹 霞 山

【注音】 Dānxiá Shān

【解释】 位于广东省境内的山。

【听写提示】

1. 一种草，茎中心部分可用作油灯的灯芯；
2. 这种草也可以入药。

【词语】 灯 芯 草

【注音】 dēngxīncǎo

【解释】 多年生草本水生植物，也可写作灯心草。

【听写提示】

1. 一种草，嫩叶可以食用，老了后可以做成扫帚，所以又叫扫帚菜；
2. 这种草的植株紧密聚在一次呈圆形，可用于园林造景；
3. 它的种子可以入药。

【词语】 地 肤

【注音】 dìfū

【解释】 一年生草本植物。适应性强，能适应各种环境。

【听写提示】

一种植物，茎蔓卧在地上，开花时节犹如铺在地上的画，所以又名铺地锦、地红花。

【词语】 地 萘

【注音】 dìniè

【解释】 多年生常绿草本植物，果实球形。

【听写提示】

1. 一种观花植物，花为黄色；
2. 这种花在日本很受欢迎，是日本一些地方的代表花卉；
3. 在日本，和这种花一样的黄色又被称为山吹色。

【词语】 棣 棠

【注音】 dìtáng

【解释】 落叶灌木，花供观赏，花和枝叶可入药。

【相关知识】 重瓣棣棠花又叫山吹花，在日本有一个"山吹之里"的传说。当时日本有一个大名人道灌，有一次他去山里打猎，遇到了突然下起的大雨，于是他来到了一个农户家里想要借一件蓑衣，没想到农户家的少女只给了他一朵山吹花，他感到莫名其妙。他回去之后把这件事讲给了家里的人听，有一个很有学问的人就说，有一首古老的歌谣中曾表达过这样的一句话"可怜的山吹籽实也没有一颗"，在日语里"籽实"和"蓑衣"的发音是一样的，那个少女送给他山吹花的意思是，家里实在太穷了没有蓑衣。道灌为自己的无知感到羞愧，从此发奋读书。

【听写提示】

1. 一种植物，具有毒性；
2. 它夏季开花，花的形状像钟，淡紫色；
3. 它的果实是球形，成熟时黑紫色；
4. 它的叶和根有药用价值。

【词语】 颠 茄

【注音】diānqié

【解释】多年生草本植物。原产于欧洲和亚洲西部，中国各地都有栽培。

【听写提示】

1. 一种动物，身体有类似月牙形状的淡黄色的毛，又叫月熊；
2. 这种动物能够在森林里敏捷地上蹿下跳，又叫飞熊。

【词语】 貂 熊

【注音】diāoxióng

【解释】哺乳动物，身体和四肢粗壮像熊，但有一条像貂的长尾巴。

【听写提示】

1. 一种中小型水鸟，体长二十五厘米左右；
2. 它具有极强的飞行能力，迁徙会沿着海岸线或河道；
3. 这种鸟生活在湿地。

【词语】 东 方 鸻

【注音】dōngfānghéng

【解释】鸟类，北分布于内蒙古、辽宁，东至东部沿海，南至广东和广西，西至四川等地。

【听写提示】

1. 一种植物；
2. 它的果实是圆形的，可以做调味料；
3. 它的种子有香味，可以入药。

【词语】

【注音】dòukòu

【解释】多年生草本植物，外形与芭蕉类似。

【相关知识】1. 豆蔻年华：指十三四岁的少女。出自唐代诗人杜牧《赠别》中的"娉娉袅袅十三余，豆蔻梢头二月初。"

2. 豆蔻分为草豆蔻、白豆蔻、红豆蔻几种。

【听写提示】

1. 古代水利工程，位于四川省境内；
2. 它是举世闻名的中国古代水利工程，是一个防洪、灌溉、航运综合水利工程；
3. 它由秦蜀郡太守李冰父子修建。

【词语】 都 江 堰

【注音】Dūjiāng Yàn

【解释】四川境内的古代水利工程。

【听写提示】

1. 青蛙的一种；

2. 它生活在中南美洲的丛林里；

3. 它的皮肤能分泌毒液，是世界上最毒的动物之一。

【词语】毒剑蛙

【注音】dújiànwā

【解释】小型蛙类，身体大小一般不超过五厘米，色彩鲜艳。

【听写提示】

1. 一种不会飞的鸟，也可写作嘟嘟鸟，又叫作愚鸠、孤鸽；

2. 这种鸟鸣叫时发出"渡渡"的声音；

3. 这种鸟仅生活在印度洋的毛里求斯岛。

【词语】渡渡鸟

【注音】dùdùniǎo

【解释】已灭绝物种，体形较大，不会飞，以水果和植物种子为食。

【听写提示】

1. 一种动物，俗称六角恐龙，原产自墨西哥；

2. 它是杂食性动物，它靠嗅觉寻找食物，找到后用胃内的真空力量吸食食物；

3. 被伤害后，它会自我修复。

【词语】钝口螈

【注音】dùnkǒuyuán
【解释】水陆两栖动物，体长约二十五厘米，头部长有六个角。

E

【听写提示】
1. 一种植物，又叫黑心姜、黄姜；
2. 在西方它最初作为一种调料，现在已经被姜替代；
3. 它的根茎可以药用。

【词语】
【注音】ézhú
【解释】多年生草本植物。生长在林荫下。

【听写提示】
1. 一种石头，形状多像鹅蛋，因此得名；
2. 它经历了自然的作用，如河水冲刷或砾石碰撞而磨掉了棱角，变得圆滑。

【词语】
【注音】éluǎnshí
【解释】一种天然石材。

【听写提示】

1. 珍贵的观赏树种；
2. 它的叶子很大，形状像鹅掌，因此得名；
3. 这种树主要分布在中国江西、湖北等地。

【词语】 鹅掌楸

【注音】 ézhǎngqiū

【解释】 落叶乔木，高可达四十米。濒危树种之一。

【听写提示】

指花朵的一部分，绿色薄片，在花朵的最外一层环状排列。

【词语】 萼片

【注音】 èpiàn

【解释】 花朵的组成部分，位于花朵最外部。

【听写提示】

1. 一种草，种子所榨的油可以制肥皂，也可作润滑油，还可食用；
2. 嫩苗可以食用。

【词语】 遏蓝菜

【注音】 èláncài

【解释】 一年生草本植物，全草可入药。

【听写提示】

一种果实，又名牛油果，果仁含油量高，提炼的油除了可以食用，还是高级护肤品的原料。

【词语】 鳄梨

【注音】 èlí

【解释】 一种果实。原产热带美洲。

【听写提示】

1. 一种古老的爬行动物，整体身形与头部和蜥蜴相似，尾巴又像鳄鱼，因此得名；

2. 它不爱活动，甚至可以一个月不吃不喝，当地人叫它大睡蛇；

3. 它是中国特有的动物，中国一级保护动物。

【词语】 鳄蜥

【注音】 èxī

【解释】 爬行动物，栖息于山涧水边的丛林，以小虫为食。

【听写提示】

1. 一个淡水湖，位于云南大理；

2. 据说因为这个湖泊的形状像个耳朵，又与水相关，因此得名。

【词语】 洱海

【注音】 Ěrhǎi

【解释】 云南省第二大淡水湖。

【相关知识】 云南大理"风花雪月"四景：下关风（下关指

的是一个山口）、上关花（上关指的是一片开阔的草原，是赏花的好去处）、苍山雪（苍山最高峰的积雪终年不化）、洱海月。

【听写提示】

1. 一种鸟，它的个头很大，次于世界第一大鸟非洲鸵鸟；

2. 这种鸟的翅膀已经退化，不能再飞翔，但是它擅于奔跑；

3. 雌鸟产卵之后，由雄鸟负责孵化，雏鸟出壳后，还是由雄鸟来照顾。

【词语】

【注音】 érmiáo

【解释】 大型鸟类，羽毛灰色或灰褐色，产于大洋洲，以树叶和野果为食。

F

【听写提示】

1. 一种海螺，磨去尖端可以吹响，古代佛教做法事时用来做乐器，它因此得名；

2. 航海的时候可以用它来做号角。

【词语】

【注音】 fǎluó

【解释】海洋软体动物的圆锥形壳。

【听写提示】

1. 一种蔬菜，又叫西红柿、洋柿子，原产南美洲；

2. 它最初是一种生长在森林里的野生植物，因为果实鲜艳，所以人们认为它是有毒的，不敢食用；

3. 现在已经成为餐桌上的常见蔬菜，营养价值丰富。

【词语】 番 茄

【注音】 fānqié

【解释】常见蔬菜，中国南北方广泛栽种。

【听写提示】

1. 一种水果，又叫芭乐；

2. 这种水果外形像石榴，又是从外国引进的品种，因此得名；

3. 这种水果虽然好吃，但是闻上去却有一股臭味。

【词语】 番 石 榴

【注音】 fānshí·liu

【解释】热带、亚热带水果，皮为绿色，圆形。

【听写提示】

1. 一种鱼，这种鱼生活在北太平洋和北大西洋；

2. 这种鱼身体是银色的，只有一条背鳍，并且与其他鱼鳍不同，它的鱼鳍里面没有刺，是软的；

3. 这种鱼没有体测线；

4. 这种鱼一般都是成群活动；

5. 这种鱼脂肪多，营养价值高，鲜鱼供食用，或者制成罐头。

【词语】

【注音】fēiyú

【解释】一种生活在温带浅水中的多油的鱼类。分布于北太平洋沿岸。

【相关知识】鱼的体测线：俗称鱼腥线，位于鱼身体的侧面，因此得名。体测线是鱼在水里感知水流方向与水的压力的器官。

另外，在水中生活的两栖动物如蝾螈，还有很多水生的爬行动物如鳄鱼，都有体侧线。

【听写提示】

一种雨，中国古代人认为主管下雨的是龙王，不同龙王分管不同的地方，所以有时候往往相隔不远的地方，这里下雨了，那里却没有下，这种类型的雨因此而得名。

【词语】

【注音】fēnlóngyǔ

【解释】夏季发生在局部地方的阵雨。

【相关知识】在中国南方农历五月二十为"分龙日"，这一天，要用消防的水龙头喷水当作"水龙"，多条水柱形成的水龙聚在一起叫作"水龙会"。

【听写提示】

1. 一种化学用品，它的性状是白色或微黄色的细小晶体，难溶于水易溶于酒精，可作为非水溶液滴指示剂；

2. 因为它是一种有机弱酸，因此可以用作碱指示剂；

3. 它也可以作为制药原料。

【词语】

【注音】fēntài

【解释】化学试剂。

【听写提示】

1. 一种地方性风；

2. 寒冷季节刮这种风，会促使积雪融化，温暖季节会促使植物生长；

3. 这种风强烈时容易引起火灾，因此得名。

【词语】

【注音】fénfēng

【解释】自高处吹向低处的风，能使气温升高，湿度降低。

【相关知识】在北美落基山地区，当地居民把焚风叫作"吃雪者"，那里冬天积雪深厚，春天的焚风加速了积雪的融化，促进了绿草的生长。

【听写提示】

1. 一种鼠，身体呈淡粉色或红褐色；

2. 它的眼睛很小，并且几乎被毛覆盖，视力很差；

3. 它在地下打洞，吃农作物的地下部分，对农业有危害。

【词语】

【注音】fénshǔ

【解释】哺乳动物，分布于俄罗斯、蒙古国和中国北部地区。

【听写提示】

1. 一座城市，位于长江中上游，属于重庆市辖区；

2. 这里又被称作鬼城，在中国古代封建迷信的说法中是人死后的去处，在《西游记》等古代小说中都有描写。

【词语】酆都城

【注音】Fēngdūchéng

【解释】位于重庆的城市名。也可写作丰都城。

【听写提示】

1. 一种鱼，俗称凤尾鱼，尾部形状如传说中的凤凰；

2. 这种鱼可以食用，是温州的特产。

【词语】凤鲚

【注音】fèngjì

【解释】鱼类，平时生活在浅海中，每年春季，从海中洄游至江河入海口处产卵。

【听写提示】

1. 水生植物，即莲花；

2. 它的根茎叫藕，横着生长在水底的河泥中，可以食用；

3. 它的花朵很大，有多种颜色。

【词语】 芙蕖

【注音】 fúqú

【解释】 多年生水生植物。

【相关知识】 宋·王安石《招约之职方并示正甫书记》：池塘三四月，菱蔓芙蕖馥。大意为，在三四月的池塘里，菱角开始生长，莲花都开放了，能闻到馥郁的香味。

【听写提示】

1. 一种真菌，寄生在松树上；

2. 它的根部外形像红薯，外皮是黑褐色的，里面是粉红色或白色的。

3. 它的根部可以入药，也可以食用。

【词语】 茯苓

【注音】 fúlíng

【解释】 菌类，外形像甘薯，外皮黑褐色，内部多为白色，也有粉红色。

【相关知识】 北京特产——茯苓饼，这种饼饼皮中有茯苓，馅有蜂蜜、糖、桂花等，饼皮上还可以印花纹和文字。茯苓饼是北京传统小吃，在宋代的时候就已经有了，慈禧就很喜欢吃。

【听写提示】

一种昆虫，它的生命很短，只有短短的一天，有"朝生暮死"的说法。

【词语】 蜉蝣

【注音】 fúyóu

【解释】 昆虫，身体柔软细长，幼虫生活在水中，成虫以蚊子的幼虫为食。

【相关知识】 1. 蜉蝣这种昆虫虽然真的是在水面上活动，但是蜉蝣这两个字不要写成浮游，毕竟是昆虫，名字里有虫字旁；

2. 宋·苏轼《前赤壁赋》：寄蜉蝣于天地，渺沧海之一粟。大意是，感慨自己的渺小，如同天地间生命只有一天的蜉蝣、沧海中的一粒粟一样。

【听写提示】

1. 一种生活在海洋里的鱼类，身体很大，并且是扁平的；

2. 这种鱼尾部有细长的刺，像鞭子一样；

3. 它性情温和，但因为体形巨大，样子不同于普通的鱼，被称为魔鬼鱼。

【词语】 蝠鲼

【注音】 fúfèn

【解释】 软骨鱼类，活动于珊瑚礁附近，寻找小鱼和浮游生物为食。

【听写提示】

1. 一种毒蛇，它的毒性很强；
2. 它的突出特点是有一对钩形的毒牙；
3. 它常在树根部或石块边盘成一团。

【词语】 蝮蛇

【注音】 fùshé

【解释】 爬行类动物，头部呈三角形，身体有斑纹，捕食鼠、鸟等小动物。

【听写提示】

1. 一种植物，它的茎上有刺；
2. 它的果实是有很多小核果聚集而成的，球形，红色，上边有茸毛。

【词语】 覆盆子

【注音】 fùpénzǐ

【解释】 落叶灌木，主要分布于中国北部。

G

【听写提示】

1. 一种东西，看上去像冰，是由二氧化碳气体制成的；

2. 可以用于制冷、灭火。

【词语】
【注音】gānbīng
【解释】固态二氧化碳。

【听写提示】
  1. 一种植物，可以食用，是常见蔬菜；
  2. 它的叶子层层包裹成球形，有绿色、紫色等。

【词语】
【注音】gānlán
【解释】草本植物。

【听写提示】
  1. 一本书，它是世界上最早的天文学著作之一；
  2. 它是由战国时期两部天文学著作合并起来的；
  3. 在这本书里记载了八百个恒星的名字,还记录了金星、木星、水星、火星和土星这五大行星的运行情况。

【词语】
【注音】Gān Shí Xīngjīng
【解释】古代中国天文学专著和观测记录。是后人将战国时期甘德和石申的两部天文学著作的合并。

【听写提示】

一种植物，不同地区有不同叫法，又名山芋、红芋、番薯、红薯、白薯、地瓜、红苕等。

【词语】

【注音】 gānshǔ

【解释】 草本植物，枝蔓匍匐在地上，地下根块供食用。

【听写提示】

1. 一种植物，它的茎很长，呈圆柱形；
2. 它的茎可以食用，也可以制糖。

【词语】

【注音】 gān·zhe

【解释】 一年生或多年生草本植物，茎圆柱形，有节。

【听写提示】

1. 一种植物，又叫野葛；
2. 它的根肥大，可以制成淀粉，也具有药用价值；
3. 它的叶子可以用作动物饲料；
4. 这种植物在《诗经》中已有记载。

【词语】

【注音】 géténg

【解释】 多年生藤本植物。原产于中国、朝鲜、韩国、日本等地。

【相关知识】 注意"葛"在这里读作葛gé，容易误读成gě，"葛"只有用作姓氏的时候读作gě。

【听写提示】
　1.　一种动物，它生活在浅海海底；
　2.　它有两片坚硬的外壳，三角形或长椭圆形；
　3.　肉可以食用味道鲜美。

【词语】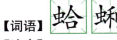

【注音】 gé·li

【解释】 贝类软体动物。双壳纲蛤蜊科。中国沿海常见的品种为四角蛤蜊。

【听写提示】
　1.　一种雨，这种雨强度很大，但是往往是局域性的；
　2.　往往是这个地方下得很大，但相隔着几个车轮印那么近的地方，可能是晴天，这种雨因此得名。

【词语】 隔 辙 雨

【注音】 gézhéyǔ

【解释】 夏季发生在局部地方的阵雨。

【相关知识】 宋·欧阳修《喜雨》：大雨虽滂沛，隔辙分晴阴。大意是，雨虽然下得很大，但是可能隔着几个车辙的地方还是晴天呢。

【听写提示】

1. 清朝最大的一座王府，位于北京；

2. 这座王府是和珅修建的，恭亲王奕訢曾经做过这里的主人，这座王府也因此得名；

3. 现在这座王府全面对外开放，成为旅游景点，是中国国家重点文物保护单位。

【词语】 恭 王 府

【注音】 Gōngwángfǔ

【解释】 位于北京的清代王府。

【相关知识】 1. 注意"恭"的下边不是"小"字，右边比"小"字多一点。

2. 和珅，清朝乾隆年间的大臣，他是中国历史上的大贪官，他刚当官的时候也很清廉，后来利欲熏心，慢慢变成了贪官。他是清朝历史上资产最多的官员，后来被嘉庆皇帝赐死，民间有种说法"和珅跌倒，嘉庆吃饱"，可见和珅的资产足够一个中国国家的开销。

【听写提示】

1. 又叫鸽子树，开白色的花，有两片花瓣，像张开翅膀的鸽子一样；

2. 它是国家一级重点保护野生植物；

3. 它是世界著名的观赏树种。

【词语】 珙 桐

【注音】 gǒngtóng

【解释】 落叶乔木，高二十米左右。

【听写提示】

　1. 四川省境内最高的山峰，有"蜀山之王"之称；

　2. 这座山以冰川闻名，冰川造型多种多样。

【词语】 贡 嘎 山

【注音】 Gònggā Shān

【解释】 四川境内的山。

【听写提示】

　1. 一种动物，体形较大的蛙类；

　2. 这种树蛙首先发现于贡山地区，因此得名；

　3. 它栖息在水边的灌木丛或草丛中。

【词语】 贡 山 树 蛙

【注音】 gòngshān shùwā

【解释】 树蛙的一种，背部为亮绿色，有少量棕色斑点。

【听写提示】

　一种草，花穗毛茸茸的，看上去像狗尾巴。

【词语】 狗 尾 草

【注音】 gǒuwěicǎo

【解释】 一年生草本植物，又叫作"莠"。

【相关知识】 良莠不齐：指好的坏的混杂在一起。因为狗尾草长得像谷子，混在禾苗中往往分不清。

【听写提示】

1. 植物名，果实是红色的，晾干后有药用价值；

2. 这种植物在中国种植面积最大的地方是宁夏，也最出名。

【词语】 枸 杞

【注音】 gǒuqǐ

【解释】 一种植物，果实叫枸杞子，可以食用，也可以药用。

【听写提示】

1. 一种鸟，又叫苦恶鸟、白胸秧鸟；

2. 它的前额、头侧至胸部和腿部是纯白色的，背部褐色。

【词语】 姑 恶

【注音】 gū'è

【解释】 在沼泽和水边生活的小型鸟类，叫声听上去像"姑恶"的发音，因此得名。

【相关知识】 宋·苏轼《五禽言》："姑恶，姑恶。姑不恶，妾命薄。"自注："姑恶，水鸟也。俗云妇以姑虐死，故其声云。"

苏轼自己做的注解大意是，姑恶是一种水鸟，根据民间传说，这种鸟是一个妇女死后变成的，这个妇女是在婆婆的虐待下死去的，所以它的叫声才会是"故恶"，是"婆婆恶毒"的意思。但是在苏轼这首诗中，有"姑不恶，妾命薄"，这句词的意思是，不是婆婆恶毒，是我自己命薄啊。

【听写提示】

1. 一种水鸟；
2. 它的羽毛是黑色的，额部是白色的，因此得名。

【词语】 骨 顶 鸡

【注音】 gǔdǐngjī

【解释】 鸟，体形较大，成群栖息在河流沼泽地带，以植物嫩叶和昆虫、小鱼为食。

【听写提示】

1. 一种用于天文测量的仪器，又称作土圭；
2. 这个仪器包括两部分，一部分是表，指竖着的标杆，另一部分圭，指横着的尺。

【词语】 圭 表

【注音】 guībiǎo

【解释】 中国古代的一种天文仪器，利用太阳的影子来定方向、时刻和节气。

【听写提示】

1. 一种生活在河水中的鱼，又叫花鲫鱼；
2. 这种鱼以小鱼、小虾为食，性情凶猛；
3. 这种鱼是中国的特产。

【词语】 鳜 鱼

【注音】 guìyú

【解释】一种名贵淡水鱼，肉多刺少，肉呈蒜瓣状。

【相关知识】注意"鳜"在"鳜鱼"中的读音为guì，不能误读成jué。

【听写提示】

1. 元代人，他制定的《授时历》是当时世界上最先进的一种历法；

2. 他制造的仪器有简仪、高表、候极仪、玲珑仪、仰仪、立运仪、证理仪、景符、窥几、日月食仪以及星晷定时仪等；

3. 1981年为纪念他诞辰750周年，国际天文学会以他的名字为月球上的一座环形山命名。

【词语】 郭　守　敬

【注音】 Guō Shǒujìng

【解释】 元代天文学家、数学家、水利专家和仪器制造专家。

H

【听写提示】

1. 一个镇子，位于北京；

2. 这个镇子始建于元朝，刚开始是元朝屯兵屯粮的地方；

3. 这个地名是蒙古语的音译，意思为"河边"。

【词语】 奤　夿　屯

【注音】 Hǎbātún

【解释】 北京的一个镇子。

【听写提示】

1. 一种林蛙，外形与青蛙相像；
2. 它能够提炼出油，具有很高的药用价值；
3. 它是中国特有品种，主要生活在东北。

【词语】

【注音】 hà · shimá

【解释】 蛙的一种，生活在阴暗潮湿的地方。又写作哈什蚂。

【听写提示】

1. 一种藻类，藻体的颜色是褐色的，形状像带子一样；
2. 这种藻类含有大量的碘质，可供食用和药用；
3. 在中国浙江、福建等沿海地区大量养殖。

【词语】

【注音】 hǎidài

【解释】 二年生海藻，生长在温度较低的海底岩石上。

【听写提示】

1. 生活在海里的一种动物；
2. 它的身体柔软，呈伞状，可以食用。

【词语】

【注音】hǎizhé

【解释】腔肠动物。行动靠伞状身体的收缩，伞状部分叫海蜇皮，海蜇皮下的部分叫海蜇头。

【听写提示】

1. 一种动物，生长在海洋里，有双壳；
2. 它的壳呈圆形或微带方形；
3. 肉可以食用，味道鲜美。

【词语】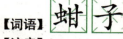 蚶 子

【注音】hān·zi

【解释】双壳纲蚶科。在中国沿海约有五十种。

【听写提示】

1. 中国历史文化名城，位于河北省；
2. 战国时期赵国都城；
3. 与这里相关的成语典故有很多，因此有"中国成语典故之都"的美称。

【词语】邯 郸

【注音】Hándān

【解释】河北省的一个城市。

【相关知识】邯郸学步：战国时期，邯郸人的走步仪态为世人所称颂，于是有个人就去邯郸学习怎么走步好看，没想到最后没有学会邯郸人怎么走步，反而忘了自己原来是怎么走步的。后来用邯郸学步来形容盲目模仿别人，反而丢失了自己原本的东西。

【听写提示】

1. 一种动物，即土拨鼠；
2. 据说这种动物可以预报春天的来临；
3. 普通的短毛土拨鼠可以作为实验用动物。

【词语】

【注音】 hàntǎ

【解释】 哺乳动物，群体穴居，有冬眠的习性。

【听写提示】

1. 一种植物，即荷花；
2. 在中国古代，这个词最初指荷花的花苞，后来指荷花。

【词语】

【注音】 hàndàn

【解释】 中国古代对荷花的称呼。

【相关知识】

子夜吴歌·夏歌

李 白

镜湖三百里，菡萏发荷花。

五月西施采，人看隘若耶。

回舟不待月，归去越王家。

诗歌大意是，三百里的镜湖，荷花已经开放，这时候，西施到这里来采莲，人们听说后，争先恐后地到这里来看美貌的西施，使湖面一下子就拥挤起来。她的美貌这么出名，相信她回去后用不了多长时间，就能被越王选中。

李白的《子夜吴歌》一共有春、夏、秋、冬四首，都是借写四季的风景，说女子的故事。第一首写春景，是说汉乐府中的秦罗敷采桑的故事；第二首写夏景，是说春秋越国西施采莲的故事；第三首写秋景，是说丈夫去边关当兵，妻子在家为丈夫织布做衣服的故事；第四首写冬景，同样是丈夫去当兵了，妻子在家为丈夫赶制棉衣的故事。

【听写提示】

1. 一种动物，外形与狐狸相像，但比狐狸小；

2. 它每年换一次毛；

3. 它有冬眠的习性。

【词语】

【注音】 háo·zi

【解释】 哺乳动物，通常为棕灰色，栖息在山林中，昼伏夜出。

【听写提示】

1. 一种动物，又称箭猪、山猪；

2. 它背部有又长又硬的刺，遇到敌人时，刺竖起用来抵御敌人；

3. 它穴居于山脚或山坡中，昼伏夜出。

【词语】

【注音】 háozhū

【解释】 哺乳动物，分布于中国、印度和非洲东部等地。

【听写提示】

一种植物，根状茎可以入药，具有使头发变黑的功效。

【词语】

【注音】héshǒuwū

【解释】多年生草本植物，根状茎呈块状有药用价值。

【听写提示】

1. 一种动物，生活在淡水中，有壳；

2. 它能培育出珍珠；

3. 它的壳通常薄而易碎，黄褐色或绿褐色；

4. 它的肉可以食用，味道鲜美。

【词语】

【注音】hébàng

【解释】双壳纲蚌科。在中国各地的湖泊、河流及池塘中均有分布。

【听写提示】

1. 一种树，又叫合婚、马缨花；

2. 这种树的叶子呈羽毛状，成对的小叶在夜晚会合起来，这种树因此得名；

3. 这种树夏季开花，花为粉红色，呈伞房状排列。

【词语】

【注音】héhuān
【解释】落叶乔木名，主要产于中国中部。

【听写提示】
　一种风，从西面吹来。

【词语】阊阖风

【注音】hélǔfēng
【解释】西风。
【相关知识】在中国古代对八个方向的风分别命名，在东汉许慎《说文》中记载：风，八风也。东方曰明庶风，东南曰清明风，南方曰景风，西南曰凉风，西方曰间阖风，西北曰不周风，北方曰广莫风，东北曰融风。

【听写提示】
1. 中国特有的珍稀鸟类，它的羽毛整体为褐色，因此得名；
2. 这种鸟眼睛周围为红色，一圈红色的下方有突出的白色毛；
3. 这种鸟翅膀短小，不擅飞，但擅于奔跑；
4. 它是中国一级保护动物。

【词语】鹖鸡

【注音】héjī
【解释】一种鸟类，体长一米左右。

【听写提示】
1. 白俄罗斯的国鸟；

2. 这种鸟嘴长而直，腿和嘴为红色。

【词语】黑鹳

【注音】hēiguàn

【解释】一种水鸟，除腹部为白色羽毛，腿和嘴为红色外，整体为黑褐色。

【听写提示】
1. 鹤的一种；
2. 它在高原生长、繁殖。

【词语】黑颈鹤

【注音】hēijǐnghè

【解释】大型水鸟，羽毛灰白色，头部和颈部为黑色。

【听写提示】
中国重要的淡水养殖鱼类。

【词语】黑鲩

【注音】hēihuàn

【解释】即青鱼，淡水鱼，身体呈青色。

【听写提示】
1. 一种黑色的石头，是墨西哥的国石；
2. 据传这种石头有辟邪的作用，因此被当作护身符使用；

3. 在佛教中这种石头是制作佛珠和工艺品的常用宝石之一。

【词语】黑 曜 石

【注音】hēiyàoshí

【解释】一种常见的黑色宝石。

【听写提示】

1. 青蛙的一种；
2. 它属于飞蛙，脚掌很大，脚蹼发达，可以在空中滑翔；
3. 它皮肤表面呈绿色。

【词语】黑 掌 树 蛙

【注音】hēizhǎng shùwā

【解释】一种飞蛙。分布于亚洲和非洲的热带和亚热带地区。

【听写提示】

1. 一种树，种子外边裹有一层红色的假种皮，像红色的豆子一样，这种树因此得名；
2. 这种树的小枝到秋天会变成黄绿色或红褐色；
3. 种子可以榨油，供制造肥皂和润滑油用。

【词语】红 豆 杉

【注音】hóngdòushān

【解释】常绿乔木，中国特有树种，国家一级保护植物。

【听写提示】

1. 一种植物，生长在水边；
2. 它的花是粉红色的，很小，许多朵小花聚集成一串；
3. 它的茎有节，中间是空的；
4. 它的果实可以入药，叫水红花子。

【词语】 红蓼

【注音】 hóngliǎo

【解释】 一年生草本植物。生长在沟边湿地、村边路旁等。

【相关知识】 1. 唐·白居易《曲江早秋》：秋波红蓼水，夕照青芜岸。这两句诗的大意是，秋天来到了长着红蓼的水边，夕阳照着长着青芜的河岸。

2. 宋·陆游《蓼花》：老作渔翁犹喜事，数枝红蓼醉清秋。这两句诗的大意是，老了做一个渔翁也是件挺开心的事，可以喝着酒赏着蓼花。

【听写提示】

1. 一种鱼，在它的体侧中央有一条红色的色带，因此得名；
2. 这种鱼以水生昆虫、小鱼等为食；
3. 这种鱼生活在河流的上游和中游，要求水质清澈，水底有沙砾。

【词语】 虹鳟

【注音】 hóngzūn

【解释】 硬骨鱼类。原产美国。

【听写提示】

1. 一种鸟；
2. 它是中国古代对天鹅的称呼；
3. 在中国古代传说中也指白色的凤凰。

【词语】 鸿 鹄

【注音】 hónghú

【解释】 在中国古代指天鹅或白色凤凰。

【相关知识】 燕雀安知鸿鹄之志：在《史记·陈涉世家》中有这样一段故事，陈涉年轻的时候，曾经受人雇佣去耕地，他在地里辛勤地劳作，时间长了就觉得这样不是个办法，一定要找到个出路，他对跟他一起耕地的人说：你如果有一天飞黄腾达了，不要忘了我。那个人笑着对陈涉说：如果一直在这里给别人耕地，哪谈得上飞黄腾达呀。陈涉不禁感叹：唉，小麻雀怎么会知道天鹅的志向呢？

陈涉即陈胜，是秦朝末年农民起义的领袖。

后来就用"燕雀安知鸿鹄之志"来比喻平凡的人不能理解有伟大志向的人的抱负。

【听写提示】

1. 河流名，它位于河北省，有着悠久的历史；
2. 南宋忠臣文天祥被俘后，押解途中曾经过此河，并留下了诗句。

【词语】 滹 沱 河

【注音】 Hūtuó Hé

【解释】 河北省的一条河。

　　　滹沱河二首（其一）

宋·文天祥

过了长江与大河，横流数仞绝滹沱。

萧王麦饭曾仓促，回首中天感慨多。

　　这首诗是南宋忠臣文天祥被俘之后，押解途中经过滹沱河，有感而发作的一首诗。前两句描写的是他在旅途中经过了大山大河，现在来到了滹沱河边。"萧王"指的是汉光武帝刘秀，他曾被封为"萧王"，"麦饭"是一个典故，据传说刘秀逃难到这里的时候，冯异曾经给他送过麦饭，在《后汉书·冯异传》有记载，现在滹沱河沿岸就建有"麦饭亭"。这首诗的后两句是文天祥悲古伤今的一种感慨。

【听写提示】

　1. 观叶树种，叶子秋天会变红；

　2. 这种树木材耐腐蚀、坚硬，适合做家具；

　3. 它的种子可以榨油，因富含淀粉，也可酿酒。

【词语】 槲栎

【注音】 húlì

【解释】 高大落叶乔木，叶子边缘锯齿状，果实长椭圆形。

【听写提示】

　1. 一种昆虫，有一对色彩艳丽的翅膀；

　2. 它幼虫时期为毛虫，幼虫成熟后变成蛹。

【词语】 蝴蝶

【注音】 húdié

【解释】昆虫，翅膀大，颜色艳丽，吸食花蜜。

【相关知识】庄周梦蝶：出自《庄子·齐物论》，庄子写道，有一天自己在梦中梦见了蝴蝶，醒来后他感到很迷茫，不知道究竟是自己做梦梦见了蝴蝶，还是自己只是蝴蝶梦中的人物。表达的是庄子对真实与虚幻的态度，他认为这两种状态是不能够明确区分的。从此"庄周梦蝶"也成了一个文学作品中经常出现的典故，最著名的是李商隐《无题》中的"庄生晓梦迷蝴蝶"。

【听写提示】

1. 一种宝石，以黄色调和红色调为主，呈透明或半透明状；
2. 有的宝石中间会包裹昆虫或植物，这种也属于同类中的珍品；
3. 它硬度低，摔砸易碎，遇高温会融化，燃烧时会发出芳香气味。

【词语】琥珀

【注音】hǔpò

【解释】指树脂埋在地下多年，经过一系列化学作用，形成的宝石。

【相关知识】1. 唐·李白《客中行》：兰陵美酒郁金香，玉碗盛来琥珀光。"郁金"指的是一种香草，用来泡酒，泡过郁金的就会呈现出金黄色。这两句诗的大意是，兰陵出产的美酒透着醇浓的郁金的芬芳，这种酒盛在玉碗里看上去犹如琥珀般晶莹。

2.
咏琥珀
唐·韦应物

曾为老茯神，本是寒松液。
蚊蚋落其中，千年犹可觌。

觌，读音：dí，意思为"见"。这首诗描写的是中间有蚊子的琥珀，作者对着这块琥珀想象着这块琥珀本来应该是树上留下的汁液，后来蚊子进入它的里面，过了几千年仍然能够看见。

1. 一种植物；
2. 它的果实幼嫩时可做蔬菜食用，老熟后变硬了不可食用；
3. 它的花朵在傍晚或清晨阳光不强烈时开放，所以又叫夜开花。

【词语】

【注音】hùguā

【解释】一年生草本植物，茎蔓生，果实细长，圆筒形。

【听写提示】

1. 生长在水中的一种草；
2. 它的叶子可以做编织用，也是造纸原料；
3. 它的茎呈根状，可以食用。

【词语】

【注音】huālìn

【解释】多年生水生草本植物，叶子呈条形三棱状伸出水中，开淡红色花朵。

【听写提示】

1. 一种树，又叫花梨木；
2. 它的木材本身有香味；
3. 它是制作上等家具的原料。

【词语】 木

【注音】huālúmù

【解释】常绿乔木，开黄白色花，种子红色。

～～～～～～～～～～～～～～～～～～～～～～～～

【听写提示】

1. 一种植物，果实暗红色，球形；
2. 它的种子是常见的调味香料。

【词语】 花椒

【注音】 huājiāo

【解释】一种落叶灌木或小乔木。

【相关知识】汉代皇后所居的宫殿叫作"椒房"或"椒室"，因花椒有特殊的香味，可以和到泥土里涂抹墙壁，又因花椒结很多果实，有"多子"的寓意。

～～～～～～～～～～～～～～～～～～～～～～～～

【听写提示】

1. 一种动物，又叫果子狸；
2. 它生活在山林中；
3. 它是杂食性动物，既吃谷物和果实，也吃小鸟。

【词语】 花面狸

【注音】 huāmiànlí

【解释】哺乳动物，身体大小与家猫相似，身体为棕色，只在面部的鼻子、眼睛和耳朵周围有白颜色的毛。

～～～～～～～～～～～～～～～～～～～～～～～～

【听写提示】

一种风，不同季节会有不同的花开放，这个时候的风就像是带来了花开的信息，因此得名。

【词语】

【注音】 huāxìnfēng

【解释】 花陆续开放的季节刮的风。

【相关知识】 二十四番花信风：在中国古代，五天为一"候"，三"候"为一个"节气"，从小寒到谷雨这八个节气里，每个"候"都有不同的花开放。

小寒：一候梅花，二候山茶，三候水仙；

大寒：一候瑞香，二候兰花，三候山矾；

立春：一候迎春，二候樱桃，三候望春；

雨水：一候菜花，二候杏花，三候李花；

惊蛰：一候桃花，二候律棠，三候蔷薇；

春分：一候海棠，二候梨花，三候木兰；

清明：一候桐花，二候麦花，三候柳花；

谷雨：一候牡丹，二候酴醾，三候楝花。

【听写提示】

1. 指一种马，这种马的毛是红色的；

2. 传说这种马是为周穆王驾车的八匹骏马之一。

【词语】 骅骝

【注音】 huáliú

【解释】 赤色的骏马。

【相关知识】 八骏：传说周穆王有八匹骏马为他驾车，这八匹马都是神马，可以日行万里。这八匹马分别是：赤骥（火红色的马），盗骊（纯黑色的马），白义（纯白色的马），逾轮（青紫色的马），山子（灰白色的马），渠黄（鹅黄色的马），骅骝，绿耳（青黄色的马）。

【听写提示】

1. 一种鸟，是人类常养的鸟类之一；
2. 它的眼睛周围有一圈白色并向后延展，形状像眉毛，因此得名；
3. 它是广州市市鸟。

【词语】

【注音】 huàméi

【解释】 鸟类，眼睛周围有一圈白色并向后延展，形状像眉毛。

【相关知识】

画眉鸟

北宋·欧阳修

百啭千声随意移，山花红紫树高低。

始知锁向金笼听，不及林间自在啼。

这首诗前两句描写了画眉鸟在开满了颜色鲜艳的花的树林中自由自在地飞翔、鸣叫，后两句是作者的想象与感慨，如果把画眉鸟放进笼子里，即使这笼子是金的，也不如在这树林中自在地生活。

【听写提示】

1. 一种树，它的花朵香味浓郁，可以食用，也可以制作黄色染料；
2. 蜜蜂可以在它的花朵上采集蜂蜜；
3. 它的叶、花朵和果实都可以入药。

【词语】 槐 树

【注音】huáishù
【解释】落叶乔木，结荚果，花淡黄色。

【听写提示】
　1. 一种动物，尾巴黑白相间形成环节，因此得名；
　2. 这种动物仅生活在马达加斯加岛；
　3. 清代乾隆年间著名画家郎世宁在他的作品《交趾果然图》中画过这种动物。

【词语】环尾狐猴
【注音】huánwěi húhóu
【解释】原始灵长类动物，擅于攀爬、奔跑和跳跃，性情温和，喜欢成群活动。

【听写提示】
　1. 又名透骨龙，这种马即使吃饱了也会露出肋条的痕迹；
　2. 小说《隋唐演义》中，唐初名将秦叔宝的坐骑即为这种马。

【词语】黄骠马
【注音】huángbiāomǎ
【解释】一种毛色为黄色、夹杂白色点的马。

【听写提示】
　1. 一种树；
　2. 它的树干可以制成黄色染料；
　3. 它的树皮的内层可以入药；

4. 它的木材可以用来制作家具、软木塞等。

【词语】 黄檗

【注音】huángbò

【解释】落叶乔木，花朵较小，果实黑色。

【听写提示】
1. 一种植物；
2. 它的茎埋在地下像根一样，可以入药，味道特别苦。

【词语】 黄连

【注音】huánglián

【解释】多年生草本植物。

【相关知识】黄连在中国自古是以味道"苦"著称的，所以有很多民间形容"苦"的说法都与黄连有关，如说命苦，会用"命比黄连还苦"，有一个歇后语叫哑巴吃黄连——有苦说不出。

【听写提示】
1. 观叶树种，秋天树叶变红；
2. 它的木材是黄色的，可以制作染料。

【词语】 黄栌

【注音】huánglú

【解释】一种落叶灌木或小乔木，北京香山种有很多此种树，秋天是观赏红叶的好去处。

1. 常用中药材；
2. 它主根为圆柱形，有分叉，肥厚，木质。

【词语】 黄芪

【注音】 huángqí

【解释】 多年生草本植物，根黄色，可以入药。

【相关知识】 相传，清朝有一位老人精通医术，尤其擅长针灸，他救治了很多人。有一次，一个小孩掉到了山崖下，老人回天乏术无法救治，为此老人吃不下睡不着，没多久就面黄肌瘦。周围的人都被老人这种精神感动，尊敬地称他为"黄耆"（耆，是对老人的尊称）。老人去世后，人们发现在老人的墓旁有一种草药可以治病，人们便把这种草药叫作"黄芪"，用来纪念老人，并且黄芪的药用功能被人们发现后，也的确救治了很多人。

【听写提示】

1. 一种植物，又叫山茶根、土金茶根；
2. 它的根茎肉质肥厚，可以入药。

【词语】 黄芩

【注音】 huángqín

【解释】 多年生草本植物，主要分布于中国北方。

【相关知识】 黄芩救了李时珍的命：关于黄芩作为药材的神奇作用有这样一个传说，传说李时珍小时候得了一种怪病，他的父母四处求医问药都不见效，眼见着小时珍一天天憔悴下去，奄奄一息。有一天村子里来了一个云游四方的道士，这个道士看上去仙风道骨是个世外高人，他用黄芩治好了小时珍的病。小时珍病好之后，就深深迷上了医学，他跟随道士学医，最后成为一代名医。

【听写提示】

一种鱼，身体形状像蛇，没有鳞片或有很细小的鳞片。

【词语】

【注音】 huángshàn

【解释】 热带及暖温带鱼类，适应能力强，在河道、湖泊、沟渠及稻田中都能生存。

【听写提示】

1. 食草动物，毛为浅黄色；
2. 这种动物擅长奔跑、跳跃。

【词语】

【注音】 huángyáng

【解释】 哺乳动物，生活在草原或半沙漠地带。

【听写提示】

1. 一种动物，俗称黄鼠狼；
2. 它喜欢夜间活动，昼伏夜出；
3. 它是食肉动物，主要捕食鼠类，有时也吃家禽；
4. 它尾部的毛可以制毛笔，即我们所说的狼毫。

【词语】 黄鼬

【注音】huángyòu

【解释】小型食肉哺乳动物，背部毛为棕灰色。

【相关知识】在中国民间传说中，黄鼠狼专门偷吃家禽，于是就有了歇后语黄鼠狼给鸡拜年——没安好心。

【听写提示】

　1. 一种昆虫，俗称蚂蚱，全身通常为绿色、灰色或褐色；

　2. 这种昆虫后肢发达，擅于跳跃；

　3. 这种昆虫对庄稼有危害，尤其在干旱的时候会形成灾害。

【词语】

【注音】huángchóng

【解释】昆虫，生命力顽强，多分布于山区、低洼地区、草原等。

【相关知识】蝗灾：单个的蝗虫并没有危害性，反而很胆小，但是大量的蝗虫聚集到一起，它们就会变得很有攻击性，会迅速地毁灭庄稼，造成灾害。蝗虫喜欢干燥的气候，因此严重的干旱天气会产生蝗灾，中国自古就有"旱极而蝗"的说法。世界上各国都发生过严重的蝗灾，如2001年俄罗斯蝗灾，2002年美国蝗灾，2004年以色列的蝗灾，2008年中国黄河三角洲的蝗灾等，都造成了巨大的损失。

【听写提示】

　1. 一种植物，又叫藜；

　2. 它的叶片表面看上去好像有一层灰，因此得名；

　3. 它是常见的一种野菜，嫩叶可以食用。

【词语】灰菜

【注音】huīcài
【解释】一年生草本植物，茎有紫红色或绿色条纹。

【听写提示】

鹳的一种，它羽毛的颜色是灰色的，因此得名。

【词语】 灰 鹤
【注音】huīhè
【解释】鹤的一种，大型水鸟，羽毛灰色。

【听写提示】

1. 一种植物，它的果实成熟时是橙红色，如果不摘下来，等到第二年夏天会变成青色，因此得名；
2. 它夏季开花，花为白色，有浓郁的香味；
3. 它的花焙干后可以做花茶，叫代代花茶，也可以入药。

【词语】
【注音】huíqīngchéng
【解释】常绿灌木，有细长的枝条。主要分布于中国南部各地。

【听写提示】

1. 一种植物，嫩苗可以食用，是做馅的原料；
2. 它的果实可以做调味料。

【词语】

【注音】huíxiāng

【解释】多年生草本植物，果实、根、茎、叶可以食用。

【听写提示】

1. 一种昆虫，又叫知了；

2. 它一生大部分时间在土里，经过四次蜕皮，最后一次蜕皮才破土而出；

3. 它从土里出来后栖息在树干上，吸食树木的汁液。

【词语】　蟪　蛄

【注音】huìgū

【解释】昆虫，有两对翅膀。

【相关知识】《庄子·逍遥游》：朝菌不知晦朔，蟪蛄不知春秋。这句话的大意是，早上菌的寿命不到一天，所以它不知道晚上是什么样子，蟪蛄的寿命不到一年，所以它不知道一年的时间变化。

【听写提示】

1. 兵器名，又称作火筒，是元明时期随着火药的性能不断提高而发明的兵器；

2. 它的出现在中国兵器史上有重要意义，使中国军事战争进入一个新的阶段；

3. 目前世界上发现最早的这种兵器，是现存于内蒙古蒙元文化博物馆"元大德二年"的。

【词语】　火　铳

【注音】huǒchòng

【解释】中国古代射击用的兵器。

【听写提示】

1. 一种观赏鸟类，它的全身都是火红色，因此得名；
2. 这种鸟颜色越鲜艳的，说明身体越健壮；
3. 它起飞前往往要狂奔一阵儿才能获得足够的动力。

【词语】

【注音】huǒlièniǎo

【解释】一种鸟，喜欢群居，世界上最大的火烈鸟群位于非洲。

J

【听写提示】

1. 一种花，花朵形状像鸡冠，因此得名；
2. 这种花享有"花中之禽"的美誉；
3. 这种花一般在秋天开放。

【词语】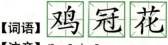

【注音】jīguānhuā

【解释】一年生草本植物，花和种子可以入药。

【相关知识】

鸡冠花

唐·罗邺

一枝秾艳对秋光，露滴风摇倚砌傍。

晓景乍看何处似，谢家新染紫罗裳。

这首诗描写了这样一个场景，已经到了秋季，虽然这是万物凋零的季节，但是鸡冠花却开得正好，给秋天平添了几分鲜艳的色彩与生机。

鸡冠花

宋·梅尧臣

秋至天地闭，百芳变枯草。

爱尔得雄名，宛然出陈宝。

未甘阶墀陋，肯与时节老。

赤玉刻缤粟，丹芝谢凋槁。

鲜鲜云叶卷，粲粲兔翁好。

由来名实副，何必荣华早。

君看先春花，浮浪难自保。

这首诗写的是，秋天一到，仿佛天地都闭合起来，花花草草都已经枯萎。但这时鸡冠花却开得正好，开得如红色的玉、如红色的灵芝，没有被这肃杀的秋风征服。由此作者发出感慨，只要勤于修炼自身的本领，不必早早就去争夺荣华富贵，迟早都会有名副其实的收获，不信你就去看看那些春天就迫不及待开放的花朵，它们也都早早就凋谢不能自保。

【听写提示】

1. 一种草；
2. 这种草可以作为牧草；
3. 它也可以用来编制筐和席子；
4. 它能够在碱性土壤中生长，是良好的固沙耐碱植物。

【词语】 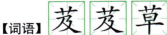 芨芨草

【注音】jījīcǎo
【解释】多年生草本植物，茎直立，叶子狭长，适应性强。

【听写提示】
1. 一种蘑菇，肉质厚，可以食用；
2. 菌盖为灰褐色或褐色，成熟后呈放射状裂开；
3. 菌褶为白色，菌柄为白色或同菌盖色。

【词语】

【注音】jīzōng
【解释】真菌的一种，主要分布在中国的云南、贵州等地。

【听写提示】
1. 一种植物；
2. 它的果实小，绿色球形，有刺，会钩挂在动物皮毛或人的衣物上。

【词语】

【注音】jí·li
【解释】一年生草本植物。全球温带都有分布，生长在沙地、荒地、居民点附近。

【相关知识】古代兵器中的铁蒺藜，是一种防御器械。

【听写提示】
1. 一种草，又叫鱼腥草；

2. 它的茎和叶有鱼腥气。

【词语】 蕺菜

【注音】jícài

【解释】多年生草本植物，可以食用，也可以药用。

【听写提示】
1. 一种鸟，体形纤小，身体有黑白两种颜色的羽毛；
2. 这种鸟停下来休息时，尾巴上下摆动。

【词语】 鹡鸰

【注音】jílíng

【解释】鸟，生活在水边，吃昆虫等。

【相关知识】在中国古代典籍中写作"脊令"，《诗·小雅·常棣》：脊令在原，兄弟急难。这句的大意是，鹡鸰在原野上，失去了原来的巢穴，于是就惊慌失措不停地边鸣叫边飞来飞去，寻找自己的同类，这是这种鸟的天性，就像是人类为有困境的兄弟不安与想办法帮忙一样，后来就用"鹡鸰"指兄弟。

【听写提示】
1. 一种鱼；
2. 这种鱼生活在海底岩石间。

【词语】 鲍鱼

【注音】jǐyú

【解释】鱼，头小，口小，身体呈扁圆形，绿褐色。

【听写提示】

1. 一种体形较小的鹿；
2. 只有雄性有短短的角；
3. 它的皮是高级制革原料。

【词语】

【注音】 jǐ · zi

【解释】 一种鹿科动物，腿细而有力，善于跳跃。

【相关知识】 注意"麂"的读音与写法，容易与"鹿"相混淆。

【听写提示】

1. 一种草，常当作野菜食用；
2. 叶片锯齿状，呈莲座散开；
3. 它的食用方法多样，可以凉拌，也可以做馅料。

【词语】

【注音】 jìcài

【解释】 草本植物在田地里常见。

【听写提示】

1. 中国重要的淡水鱼；
2. 这种鱼多数身体呈黑色，头小，腹部大；
3. 食用鱼类，肉质细嫩，肉营养价值很高，中国各地都有人工养殖。

【词语】

【注音】jìyú

【解释】以植物为食的杂食性鱼，喜群居，选择栖息在食物丰富的地区。

【相关知识】过江之鲫：比喻某种时兴的事物多得很。后用以形容赶时髦的人很多，但多含有盲目跟风之意。

【听写提示】

1. 树木，花的颜色有两种，白色或粉红色；
2. 它的种子可榨油；
3. 它的花、茎和叶可以药用。

【词语】

【注音】jìmù

【解释】常绿灌木或小乔木，常用来做绿化苗木。

【听写提示】

1. 这条江是长江支流中流域面积最大的；
2. 它发源于秦岭北麓的陕西省凤县代王山，干流流经陕西省、甘肃省、四川省、重庆市，在重庆市汇入长江。

【词语】

【注音】Jiālíng Jiāng

【解释】江名，长江的一个支流。

【听写提示】

1. 一种观赏植物，花朵大，艳丽，花期长；

2. 它有药用价值，但过量服食可能会中毒。

【词语】 夹 竹 桃

【注音】 jiāzhútáo

【解释】 常绿灌木或小乔木。原产热带亚洲，中国各地都有栽培。

【听写提示】

1. 温带植物，喜欢阳光，也耐寒冷湿润；
2. 这种植物植株矮小，叶子与榆树的叶子相似；
3. 它的果实为红色，叶子在秋天会变红。

【词语】 荚 蒾

【注音】 jiámí

【解释】 落叶灌木，它的幼枝、叶柄和花房表面都有开展的刚毛状糙毛。

【听写提示】

1. 一种昆虫，蝴蝶的一种；
2. 它前足退化不能用于行走，而且多毛，类似毛刷。

【词语】 蛱 蝶

【注音】 jiádié

【相关知识】 曲江二首（其二）

唐·杜甫

朝回日日典春衣，每日江头尽醉归。

酒债寻常行处有，人生七十古来稀。

穿花蛱蝶深深见，点水蜻蜓款款飞。

传语风光共流转，暂时相赏莫相违。

这首诗前四句描写了一个到处欠酒债的人，他为了喝酒连衣服都典当了，还是每天不醉不归，他感慨人生本来就苦短，应及时行乐。后四句先是描写了蝴蝶飞舞、蜻蜓点水的优美，创造了自由、美好的境界，最后两句诗人面对这眼前美好的景物说道：风光呀，你就同穿花的蛱蝶、点水的蜻蜓一起让我欣赏吧，哪怕是暂时的啊！这首诗是作者在仕途上不得志之作，所以作者把感情都投放在了酒和自然风光上，也实在是无奈之举。

【听写提示】

1. 这是一个农学家的名字，他生活在北魏，他著有《齐民要术》，是中国第一部完整的农业科学著作，建立了完整的农学体系；

2. 在山东淄博有他的纪念馆，为了纪念他在农学史上的重要地位。

【词语】 贾 思 勰

【注音】 Jiǎ Sīxié

【解释】 北魏农学家。

【听写提示】

箭的一个组成部分，位于最前端。

【词语】 箭 镞

【注音】 jiànzú

【解释】箭头。

【相关知识】清·吴伟业《临江参军》：日暮箭镞尽，左右刀铤集。铤，读音chán，一种短矛。这两句诗的大意是，到日落的时候箭已经用尽了，就把刀和短矛集中起来当箭使。

【听写提示】

1. 一种海藻，暗红色，有不规则的树枝状分叉；

2. 这种海藻可以用来制造琼胶，琼胶是一种安全的食品添加剂。

【词语】

【注音】jiānglí

【解释】藻类植物，分布于海湾的潜水中。

【听写提示】

1. 一种生活在海里的动物，它的贝壳大而薄，呈三角形，表面黑色；

2. 这种海蚌生活在海边泥沙中；

3. 它的肉柱味道鲜美，可与海参鲍鱼相媲美。

【词语】

【注音】jiāngyáo

【解释】海蚌的一种，也可写作江鳐、江瑶。

【相关知识】江珧的贝壳是三角形的，它用壳的尖端插进泥沙中，一经定居以后，终生都不再移动了。

【听写提示】

1. 一种植物，又称咸草、龙须草；
2. 这种植物的花是绿色的；
3. 它的茎呈三棱形，可以用来编制草帽和草席等。

【词语】 茳芏

【注音】 jiāngdù

【解释】 多年生草本植物，生长在潮湿的水边。

【听写提示】

一种常见蔬菜，长条形，中间有豆子。

【词语】 豇豆

【注音】 jiāngdòu

【解释】 豆科植物，爬蔓，开紫色小花。

【听写提示】

1. 一种鸟，体形小，多为灰色或褐色；
2. 这种鸟是益鸟，以农林害虫为食；
3. 这种鸟实行"一夫多妻"制，会同时筑造好几个巢。

【词语】 鹪鹩

【注音】 jiāoliáo

【解释】 小型鸟类，主要生活在热带。

【听写提示】

1. 一种植物，它的花的形状像铃铛，所以又叫铃铛花；

2. 它的根可制成咸菜，也可以入药，是中医常用药；

3. 朝鲜族人把它当作野菜食用。

【词语】

【注音】 jiégěng

【解释】 多年生草本植物，多生长在向阳的草丛和灌木丛中，很少生长在森林中。

【相关知识】 注意"桔"在这里读作jié，容易误读成桔子的"桔"（jú）。

【听写提示】

1. 蛙的一种；

2. 它的皮肤颜色是金黄色的，有毒；

3. 这种蛙只生活在马达加斯加的林区。

【词语】

【注音】 jīnshēnwā

【解释】 一种有毒的蛙。

【听写提示】

1. 一种动物，羽毛非常艳丽像锦缎一样，因此得名；

2. 这种动物都是成对出现，蛋也是由雌鸡和雄鸡轮流孵化；

3. 它是中国国家二级保护动物。

【词语】 锦 鸡

【注音】jǐnjī

【解释】 雉科动物，羽毛艳丽。

【相关知识】1.
锦　鸡

清·恽珠

闲对清波照彩衣，遍身全锦世应稀。

一朝脱却樊笼去，好向朝阳学凤飞。

恽珠是清朝乾隆年间的汉族人，在她的父亲当官期间，她在一次宴会中见到了一位满族贵族夫人，这位夫人在席间以"锦鸡"为题，让在座的各位作诗，恽珠作了这首诗，这位夫人大为赞赏，并上书皇帝请求把恽珠嫁给自己的儿子，最终实现了满汉联姻。这首诗的大意是：对着水面照着自己这身彩色的衣裳，这满身的金色锦缎是世间少有的，什么时候能够摆脱这世间的樊笼羁绊，像凤凰一样朝着太阳飞去。

2. 中国土家族民间有首名为《锦鸡》的长篇叙事诗，诗歌描写的故事大意是，一个从小在土司家当长工的孤儿春哥救了一只锦鸡，这只锦鸡变成了美丽的姑娘来报答春哥，春哥在锦鸡的帮助下，有了自己的田园，并帮助一同做长工的兄弟们摆脱了土司的欺压。

【听写提示】

1. 一种草；
2. 这种草的汁液可以作为黄色染料的原料；
3. 这种草的纤维可以造纸；
4. 全草都可以入药。

【词语】 荩 草

【注音】jìncǎo

【解释】一年生草本植物，果实长圆形，生在山坡草地阴湿处。

【听写提示】
1. 中国历史文化名城，位于湖北省；
2. 这里古称江陵，是春秋战国时期楚国国都。

【词语】 荆州

【注音】 Jīngzhōu

【解释】湖北省的一个市。

【相关知识】大意失荆州：荆州是三国时期的战略重镇，关羽镇守荆州的时候，却出兵去攻打曹操，孙权趁机攻打得到了荆州。现在比喻因疏忽大意而导致失败或造成损失。

【听写提示】
中国传统二十四节气之一，在这个节气雷声会惊动蛰伏的动物，因此得名。

【词语】 惊蛰

【注音】 jīngzhé

【解释】二十四节气中的第三个节气，这个节气之后中国大部分地区开始春耕。

【相关知识】 1. 农谚：过了惊蛰节，春耕不停歇。大意是，过了惊蛰，就要开始春耕了；

农谚：雷打惊蛰前，二月雨绵绵，雷打惊蛰后，低田好种豆。大意是，如果惊蛰之前有雷的话，那么二月份就会下雨，如果雷在惊蛰之后，就很利于种豆子。

2. 二十四节气：中国古代订立的一种用来指导农事的补充

历法，中国自古是一个农业社会，农事活动与气候有着很重要的联系，节气的划分充分考虑了季节、气候、物候等自然现象的变化，二十四节气的创立是中国人民智慧的集中体现。

这二十四节气分别为：立春、雨水、惊蛰、春分、清明、谷雨，立夏、小满、芒种、夏至、小暑、大暑，立秋、处暑、白露、秋分、寒露、霜降，立冬、小雪、大雪、冬至、小寒、大寒。

【听写提示】

1. 这座山位于江西省境内；
2. 朱德称这座山为"天下第一山"；
3. 这座山被誉为"中国革命的摇篮"和"中华人民共和国的奠基石"。

【词语】

【注音】Jǐnggāng Shān

【解释】山名。

【相关知识】

西江月·井冈山

毛泽东

山下旌旗在望，山头鼓角相闻。敌军围困万千重，我自岿然不动。

早已森严壁垒，更加众志成城。黄洋界上炮声隆，报道敌军宵遁。

这首词是毛泽东对黄洋保卫战的描写，词的大意是：山下的战旗在摇荡，山上的战鼓和号角响遍山林，虽然有众多敌军死死包围着我们，但是我们岿然不动。我们的防御工事早已搭建起来，战士们的心也在一起。听得到黄洋边界上的隆隆炮声，传来敌军已经退去的消息。

水调歌头·重上井冈山

毛泽东

久有凌云志，重上井冈山。千里来寻故地，旧貌变新颜。到处莺歌燕舞，更有潺潺流水，高路入云端。过了黄洋界，险处不须看。

风雷动，旌旗奋，是人寰。三十八年过去，弹指一挥间。可上九天揽月，可下五洋捉鳖，谈笑凯歌还。世上无难事，只要肯登攀。

1927年10月，毛泽东率秋收起义部队上井冈山，1965年5月，毛泽东又重上井冈山。阔别三十八年，他有很多感慨，写下这首词。

【听写提示】

1. 湖泊名，位于黑龙江省境内；
2. 这个湖周边有许多文物古迹，如唐代渤海国的遗址；
3. 这里是国务院首批审定国家级重点风景名胜区。

【词语】 镜 泊 湖

【注音】 Jìngbó Hú

【解释】 中国最大、世界第二大高山堰塞湖。

【相关知识】 堰塞湖，读音为yàn sè hú，是水流被火山熔岩或山体滑坡的石块、泥石流等堵塞，水流不断聚集形成了湖泊。这种湖泊一旦决口会有严重危害。

【听写提示】

1. 一种水鸟，这种水鸟是中国特有的；
2. 雌鸟和雄鸟通常一起活动，发出"关关"的鸣叫声，往往是一只鸟"关"地叫了一声，另一只马上跟着"关"地叫一声应和；
3. 这种鸟找到伴侣后，终生不会更换，因此在中国文化中用这种鸟来比喻夫妻和谐相处。

【词语】 雎 鸠

【注音】jūjiū
【解释】古书上说的一种鸟。
【相关知识】　　　　　诗经·关雎

关关雎鸠，在河之洲。窈窕淑女，君子好逑。
参差荇菜，左右流之。窈窕淑女，寤寐求之。
求之不得，寤寐思服。悠哉悠哉，辗转反侧。
参差荇菜，左右采之。窈窕淑女，琴瑟友之。
参差荇菜，左右芼之。窈窕淑女，钟鼓乐之。

　　《关雎》是中国儒家经典著作《诗经》中的第一篇，通过描写这种对伴侣忠诚的鸟，来宣扬夫妻要和睦相处。这首诗主要写的是一个小伙子喜欢上了一个姑娘，小伙子思念这位姑娘，吃不好睡不着，后来这位姑娘对小伙子有了回应，又是弹琴又是敲鼓的，小伙子很是开心。

【听写提示】
　1. 一种树，秋天结的果实形状很像元宝，因此又叫元宝枫；
　2. 木材常用来做家具。

【词语】柜柳
【注音】jǔliǔ
【解释】落叶乔木，常见树种。

【听写提示】
　1. 一种植物，块状茎呈扁球形，富含淀粉，可以食用；
　2. 这种植物全株都有毒，以块状茎毒性最大，所以要加工之后才可以食用。

【词语】蒟蒻

【注音】 jǔruò

【解释】 多年生草本植物，又叫魔芋，生于疏林下或溪谷两旁的湿地，也可以人工栽种。

【听写提示】

1. 一种蕨类，全株呈莲座的样子；

2. 这种蕨类从主茎上分出来的侧枝是绿色的，干的时候卷成拳头的形状，因此得名；

3. 它有药用功能，全草可入药，又叫还魂草。

【词语】

【注音】 juǎnbǎi

【解释】 蕨类，多年生草本植物，生长在干旱的岩缝中。广布于中国各地。

【听写提示】

1. 一种特别强烈的风暴，发生在大西洋西部；

2. 风力能达到十二级以上；

3. 这种风中心有个风眼，风眼越小，破坏力越大。

【词语】 飓 风

【注音】 jùfēng

【解释】 发生在大西洋西部的热带气旋。

【相关知识】 风力等级：在中国古代虽然没有测量风速的仪器，但是那时的人们已经能够根据一些自然现象给风定等级。唐代的科学家李淳风在他著作《乙巳占》中把风定为八个等级，"一级动叶，二级鸣条，三级摇枝，四级坠叶，五级折小枝，六级折大枝，七级折木，飞沙石，八级拔大树及根。"大意就是，能吹动树叶的是一级风，能吹动（像柳树枝一样的）枝条的是二级风，能摇动树枝的是三级风，能把树叶吹落的是四级风，能折断小树枝的是五级风，能折断大树枝的是六级风，能折断木头的是七级风，能把大树连根拔起的是八级风。《乙巳占》是世界上最早的气象学专著，里边给风定的等级也是世界上最早的。

中国民间还有许多关于风力的歌谣。

零级无风炊烟上；一级软风烟稍斜；二级轻风树叶响；

三级微风树枝晃；四级和风灰尘起；五级清风水起波；

六级强风大树摇；七级疾风步难行；八级大风树枝折；

九级烈风烟囱毁；十级狂风树根拔；十一级暴风陆罕见；

十二级飓风浪滔天。

K

【听写提示】

1. 一种自然地理现象，指流水侵蚀了可溶性岩石；

2. 中国是对这种现象最早记述和研究的国家，在明代的《徐霞客游记》中记载最为详尽；

3. 在中国，这种现象形成的地貌分布广、类型多。

【词语】 喀 斯 特

【注音】 kāsītè

【解释】 流水侵蚀形成的地貌。

【听写提示】

1. 一种植物，又叫香石竹；
2. 它的花代表了健康和美好的祝愿，是献给母亲的花。

【词语】 康乃馨

【注音】 kāngnǎixīn

【解释】 多年生草本植物，花颜色鲜艳而有香气。

【相关知识】 1. 母亲节与康乃馨：1907年，美国费城的贾维斯(Jarvis)首先以粉红色康乃馨作为母亲节的象征，这种做法流传开来。1934年5月美国首次发行母亲节邮票，邮票图案是一幅世界名画，画面上一位母亲凝视着花瓶中的康乃馨，邮票的传播把康乃馨与母亲节更加紧密地联系起来。

2.

咏石竹花

宋·王安石

春归幽谷始成丛，地面纷敷浅浅红。

车马不临谁见赏，可怜亦能度东风。

　　康乃馨在中国也是一种常见的花，并且有着悠久的历史。这首诗的大意是，山谷里的春天地面出现了浅浅的红色，如果坐车骑马经过的人不停下来仔细看，是看不到这种花的，这石竹花虽然不受重视但依然骄傲地挺立在山谷里。

【听写提示】

　　地名，在山西，内有山西旧石器时代早期代表遗址。

【词语】 峸河

【注音】 Kēhé

【解释】 山西的一个村子。

【相关知识】 1. 注意"峸"的读音，不能读作hé，这个字是个多音字，另一个读音为qià，在古汉语中通"帢"，指古代的一种头巾。

2. 峱河文化：是中国华北地区旧石器时代早期的文化，从出土的文物来看，当时生活在峱河一带的人主要使用石器，并且已经开始使用火。

【听写提示】

1. 这座山位于浙江省；

2. 相传这里为大禹娶妻、封禅之地，他死后也埋葬在此地，并建有大禹陵；

3. 春秋时期，越国被吴国打败，越王勾践退居此地。

【词语】

【注音】 Kuàijī Shān

【解释】 山，南北走向，最高峰为东白山，海拔1194米。

【相关知识】 1. 注意"会"的读音，在这里不读huì，另外当有"总计"的意思时读作kuài，如会计，其他情况读作huì。

2. 大禹陵，相传是中国古代治水英雄大禹埋葬的地方，这里是规模宏大的古代建筑群，是国家重点文物保护单位，入口牌坊上镌刻着"大禹陵"。

【听写提示】

1. 中国南方常见蔬菜；

2. 这种植物茎中间是空的，因此得名。

【词语】 空 心 菜

【注音】 kōngxīncài

【解释】一年或多年生草本植物，花为白色、喇叭状。

【听写提示】

1. 山名，位于甘肃省境内；

2. 这座山是文化名山，据传是轩辕黄帝问道处，并有"黄帝问道处"的石碑；

3. 中国有一支武术流派发源在这里。

【词语】

【注音】Kōngtóng

【解释】甘肃的一座山。

【相关知识】1. 崆峒最初是当地氏族部落民族语言的音译，本没有山字旁，指这个区域中的所有部落，后来随着部落的融合和发展，空同专门指这个地方中心区域的山，所以加上了山字旁专指山。

2. 中华武术五大流派分别为：少林、武当、峨眉、昆仑、崆峒。

【听写提示】

1. 一种羽毛华丽的鸟，是高贵、美丽的象征；

2. 雄鸟尾部羽毛很长，形成尾屏；

3. 雌鸟没有尾屏，羽毛颜色也没有雄鸟艳丽。

【词语】

【注音】kǒngquè

【解释】一种鸟，雄性有艳丽的尾屏，打开时即所谓的"孔雀开屏"。

【相关知识】1. 孔雀按照羽毛的颜色分为蓝孔雀、绿孔雀、黑孔雀和白孔雀。

2. 在东方传说中，孔雀是凤凰的孩子，被如来佛祖封为大明王菩萨。

3. 在古罗马神话中，孔雀是天后赫拉的圣鸟，因为赫拉又被称为朱诺，因此孔雀又被称为"朱诺之鸟"。

4. 《玉台新咏·古诗为焦仲卿妻作》：孔雀东南飞，五里一徘徊。大意是，孔雀往东南的方向飞去，每飞五里就会徘徊一阵儿，表现了它对这里的留恋，比喻夫妻离别。

【听写提示】

1. 一种树，主要生长在长江以南五岭以北各地；
2. 它的种子磨成粉后可以做粉条和豆腐，也可以入药；
3. 它的木材可用作建筑、家装用材。

【词语】

【注音】kǔzhū

【解释】乔木，树皮上有浅浅的纵向的裂纹。

【听写提示】

1. 一种草，生长t在水边或阴暗潮湿的地方；
2. 它的茎可以造纸，也可以编制席子。

【词语】蒯草

【注音】kuǎicǎo

【解释】多年生草本植物，叶子为条形，花为褐色，花瓣小。

【听写提示】

1. 一种动物，又叫鼻涕虫，外形类似去掉壳的蜗牛，身体表面有黏液；

2. 它头上有两对触角，一对长触角，一对短触角，长触角上长有眼睛；

3. 它以植物的叶子为食，对农作物有危害。

【词语】

【注音】 kuòyú

【解释】 一种软体动物，夜间活动，冬季在植物根部湿土下越冬。

L

【听写提示】

1. 一种动物，俗称大头虾，它有坚硬的外壳，生活在淡水中；

2. 它一生要经过很多次脱壳，脱壳时，壳先从背部裂开。

【词语】

【注音】 làgǔ

【解释】 硬壳的水生动物，生活在小溪或丛林河流中，对生存环境要求苛刻。

1. 一种植物，原产墨西哥，明朝末年传入中国；

2. 它的果实有圆形也有长条形，有红色、绿色、黄色等，是常见的蔬菜；

3. 因为它的果实大部分有特殊的辣味，是一种重要的调味品。

【词语】 辣椒

【注音】 làjiāo

【解释】 草本植物，果实可供食用，也具有药用价值。

【相关知识】 辣椒的辣度：美国科学家史高维尔在1912年时为辣椒的辣度制定了评定标准。2007年印度的"断魂椒"，在史高维尔的评定标准中辣度最高，被认为是世界上最辣的辣椒，并收录于吉尼斯世界纪录。2010年另外一种辣椒"娜迦毒蛇"辣度超过断魂椒，收录于吉尼斯世界纪录。2011年4月，据澳大利亚一家公司的检测资料，最新培植成熟只有二点五厘米长的"鲜红特立尼达蝎子壮汉T辣椒"，辣度超过"娜迦毒蛇"。2012年11月，据温斯洛普大学认定，来自美国南卡罗来纳州名为柯里的男子种植的辣椒"卡罗莱纳死神"成为全球最辣的辣椒。

【听写提示】

1. 一种秋冬季节的当令蔬菜，又叫萝卜、罗服；

2. 中国栽培和食用这种蔬菜的历史悠久。

【词语】 莱菔

【注音】 láifú

【解释】 十字花科草本植物，它的根部是常见蔬菜。

【听写提示】

1. 一座县城，这个地方有悠久的历史，据已出土的文物考证，早在六千多年前的新石器时代这里就已有人类生活；
2. 这里比周围城市气温都低，因此又称凉城；
3. 抗日英雄王二小的故事就发生在这里。

【词语】

【注音】 Láiyuán

【解释】 河北省保定市的一个县城。

【听写提示】

1. 一种树；
2. 它的叶子和树皮是做紫色染料的原料；
3. 它的果实可以榨油，榨出的油可做润滑油或制肥皂；
4. 它的木材可供制作家具。

【词语】

【注音】 láimù

【解释】 乔木，树皮为灰褐色或灰黑色，生于山谷森林中。

【听写提示】

1. 一种动物，即美洲鸵；
2. 它很擅长奔跑。

【词语】

【注音】 lái' ǎo

【解释】现存美洲鸵鸟中最小的物种。

【听写提示】

1. 一种鸟，有动人的叫声；
2. 雄鸟的喉部是天蓝色的，这种鸟因此得名；
3. 这种鸟栖息于灌木丛或芦苇丛中。

【词语】

【注音】lándiǎnké

【解释】鸟类，栖息于灌木丛或芦苇丛中，分布于中国大部分地区。

【相关知识】注意"颏"在这里读作ké，在"下巴颏儿"中读作kē，意思为下巴。

【听写提示】

1. 地球上最大的动物，生活在海洋里；
2. 它身体表面呈淡蓝色或灰色；
3. 由于它皮下的脂肪可以做肥皂、鞋油等，曾遭到大量捕杀，数量迅速减少。

【词语】

【注音】lánjīng

【解释】一种大型海洋哺乳动物，濒危物种。

【听写提示】

1. 亚洲流经国家最多的河流，有"东方多瑙河"之称；
2. 这条河在中国境内流经青海、西藏、云南三省；

3. 这条河经缅甸、老挝、泰国、柬埔寨、越南，在中国境外的河段称作湄公河。

【词语】 澜 沧 江

【注音】 Láncāng Jiāng

【解释】 湄公河上游在中国境内河段的名称，是世界第六长河。

【听写提示】

1. 一种动物，因其体形较小，又叫蜂猴；

2. 它行动缓慢，看上去很懒的样子，只有在遇到危险时才会加快速度，因此得名；

3. 它的皮毛有毒，遇到攻击时会缩成一个球，把有毒的皮毛露在外边；

4. 它是中国国家一级保护动物。

【词语】 懒 猴

【注音】 lǎnhóu

【解释】 猴子的一种，头圆，耳小，眼大而圆，四肢粗短，主要生活在热带雨林中。

【听写提示】

1. 一种草，中国古代称天仙子；

2. 这种草有毒，误食会中毒；

3. 如果吃多了这种植物的种子会产生幻觉。

【词语】 莨 菪

【注音】làngdàng

【解释】二年生草本植物，常生于山坡及河岸沙地等，根、叶和种子可以药用。

【听写提示】

1. 中国历史文化名城，位于四川省东部一带；

2. 战国时期巴国（也叫巴子国），国都；

3. 三国时期蜀国大将张飞曾在这里镇守七年，并葬在这里，这里建有桓侯祠，又称张飞庙。

【词语】阆中

【注音】Làngzhōng

【解释】城市名。

【相关知识】1. 阆苑仙境：指阆中的风景很美，犹如天上的仙境。阆苑，本来指中国古代神话传说中西王母的宫殿。杜甫在他的诗作《阆水歌》中称赞阆中的风景优美，"阆中胜事可肠断，阆州城南天下稀"大意就是阆中的传说故事值得人们回味，阆州城南的风景美丽是世间少见的。

2. 桓侯祠：桓侯祠俗称张飞庙，有一千七百多年的历史，公元221年，镇守阆中的张飞被部将杀害，埋葬在这里。这里的人仰慕张飞的忠勇，在墓前建立了庙。唐以前称"张侯祠"，明代叫"雄威庙"，清以后才叫"桓侯祠"。

3. 巴渝舞：阆中曾经是巴子国的国都。巴渝舞是古代巴人在同猛兽、部族斗争中发展起来的一种集体舞，"歌舞巴渝盛，古风尚存留"大意就是现在跳起巴渝舞，仿佛重现了当年巴渝的繁华，保留了古风。

【听写提示】

1. 一种凶猛的鸟，有"空中霸主"之称；

2. 它视觉敏锐，在高空飞翔时，也能看见地面的猎物；

3. 它的爪子尖锐，适于捕捉猎物；

4. 在中国古代饲养它用来捕猎。

【词语】

【注音】lǎoyīng

【解释】 小型猛禽，性情凶猛，喙黄色，上部末端弯曲呈钩状。

【听写提示】

1. 一种植物，它的枝上有刺；

2. 它的果实是紫红色的，种子可以提制芳香油；

3. 它的根有药用价值，可以入药。

【词语】

【注音】lèdǎng

【解释】 常绿灌木或乔木，主要分布在福建、广东和广西。

【听写提示】

1. 一种竹子，尾梢下弯，曲折形状略呈"之"字；

2. 这种竹子的枝干上有刺。

【词语】

【注音】lèzhú

【解释】 一种高大的竹子，主要生长在海拔三百米左右的河流两岸和村落周围。

1. 一种石头，在中国古代战争中经常使用；

2. 这种石头用于远距离的攻击。

【词语】 礌石

【注音】 léishí

【解释】 中国古代作战时从高处推下的大石头，用来打击敌人。

【听写提示】

1. 一种动物，又叫豹猫；

2. 这种动物身上有花纹，这种花纹看上去像是中国的铜钱，因此在中国又被称作钱猫；

3. 它是中国国家三级保护动物。

【词语】 狸猫

【注音】 límāo

【解释】 一种猫科动物，体形比家猫略大。

【相关知识】 "狸猫换太子"：比喻以假换真。出自中国古典小说《三侠五义》，在宋真宗还没有孩子的时候，刘妃和李妃二位妃子同时怀孕了，如果谁生了儿子，那么母以子贵，母亲就有可能当上皇后。刘妃为了当上皇后，在李妃生孩子的时候，她买通了太监，用一只剥了皮的狸猫将小孩换走了。这个故事在后世的文学艺术作品中经常出现。

鲁迅《准风月谈·"滑稽"例解》：这"狸猫换太子"的关键，是在历来的自以为正经的言论和事实，大抵滑稽者多，人们看惯，渐渐以为平常，便将油滑之类，误认为滑稽了。

【听写提示】

1. 稀有动物种类，马达加斯特有物种；

2. 它只生活在马达加斯加西北部的安哥洛卡，所以又称安哥洛卡陆龟；

3. 在野生状态下这种龟只剩下几百只。

【词语】 犁头龟

【注音】 lítóuguī

【解释】 龟的一种，腹部甲壳前端有突出，类似犁头，因此得名。

【听写提示】

1. 这是一个科学家的名字，他生活在唐代；

2. 他编定和注释了十部算经，被用作唐代国子监算学馆的数学教材；

3. 他根据自己对天文历法的多年研究和长期观测，制定了《麟德历》；

4. 他著有《乙巳占》等十部著作。

【词语】 李淳风

【注音】 Lǐ Chúnfēng

【解释】 唐代科学家。他是世界上第一个给风定级的人。

【相关知识】 据传有一次李淳风告诉唐太宗初一会有日食出现，当时人们认为日食是不祥的预兆，太宗自然很不高兴，他问李淳风如果那天日食没有出现怎么办，李淳风说甘愿受死，等到初一那天，果然出现了日食。

1. 一种淡水鱼，在中国有着悠久的历史；
2. 在唐朝时这种鱼叫赤公，因为这种鱼与皇帝的姓同音，犯了皇帝的忌，当时朝廷还颁了一项法令，规定捕到这种鱼必须放生，全国上下不准吃这种鱼，谁卖就要罚钱，并且打六十大板。

【词语】 鲤 鱼

【注音】lǐyú

【解释】一种常见的淡水鱼类，作为一种象征着吉祥的动物，在中国有悠久的历史。

【相关知识】鲤鱼跃龙门：龙门，指的是黄河从壶口到晋陕大峡谷的最窄处，今称禹门口。

传说鲤鱼越过龙门就会幻化成龙。

现比喻人经过某个具有关键性的事件后飞黄腾达。

【听写提示】
1. 一种草，它喜欢阴暗潮湿的环境；
2. 它常生于湿润的地方，耐阴性强，在这种地方生长良好；
3. 在乡下常用它作为猪饲料。

【词语】 鳢 肠

【注音】lǐcháng

【解释】一年生草本植物，菊科，直立，有匍匐茎，叶片对生，头状花序。

【听写提示】
1. 一种水果；

2. 它的果皮是红色的，呈鱼鳞状；

3. 它的果肉是半透明的，有丰富的汁液。

【词语】 荔枝

【注音】 lìzhī

【解释】 常见热带水果，在中国南部有悠久的种植历史。果核有药用价值。

【相关知识】 过华清宫绝句（其一）

唐·杜牧

长安回望绣成堆，山顶千门次第开。

一骑红尘妃子笑，无人知是荔枝来。

据传杨贵妃喜欢吃荔枝，唐明皇就命人采摘岭南的荔枝，快马加鞭送到京城，等到长安的时候，荔枝还像刚采摘下来的样子，颜色和味道都没有变。这首诗描写的就是唐明皇为博杨贵妃一笑而千里送荔枝的事，对这位皇帝"不务正业"最终导致亡国的感慨。

【听写提示】

1. 一种植物，花为淡黄色，看上去就像一串金子，有"一串金"的俗称；

2. 刚刚进入春天的时候，它就开花了，好像是为了迎接春天的来临，因此又叫迎春花。

【词语】 连翘

【注音】 liánqiáo

【解释】 落叶灌木，果实可以入药。在中国除华南地区外均有栽培。

【听写提示】

1. 一种益鸟，能捕捉很多害虫；
2. 在有些国家会把鸟巢挂在树上，吸引这种鸟前来捕捉害虫；
3. 它能模仿其他鸟类的叫声，甚至还会模仿其他动物的叫声；
4. 这种鸟很团结，会照顾其他同伴。

【词语】椋鸟

【注音】liángniǎo

【解释】一种鸟类，主要分布在欧亚大陆，非洲和北美洲。

【相关知识】八哥属于椋鸟的一种，它通体黑色，擅于模仿人类说话。饲养八哥在中国有着悠久的历史，在许多古代文学作品中有记载。

【听写提示】

1. 一种动物，最早这种动物是在苏门答腊发现的，所以又叫苏门羚；
2. 它的角像鹿不是鹿、蹄像牛不是牛、头像羊不是羊、尾像驴不是驴，所以又叫"四不像"；
3. 它是中国国家二级保护动物。

【词语】鬣羚

【注音】lièlíng

【解释】林栖兽类，是亚洲东南部热带、亚热带地区的典型动物之一。

【相关知识】四不像：被称为"四不像"的动物一共有四种，鬣羚、驯鹿、驼鹿和麋鹿。四不像更多的时候是指麋鹿，它头脸像马、角像鹿、颈像骆驼、尾像驴，列入"中国国家重点保护野生动物名录"一级。

【听写提示】

1. 一座县城，位于山东省；

2. 这里有多种著名食物，如全羊宴、山楂、槐花蜜、煎饼、香椿等；

3. 境内有名山——沂山；

4. 这里历史悠久，现在还保存有古代齐国的长城、北魏的石佛。

【词语】 临 朐

【注音】 Línqú

【解释】 山东境内的一个县城。

【听写提示】

1. 中国历史文化名城，位于山东省淄博市；

2. 它是战国时期齐国都城。

【词语】 临 淄

【注音】 Línzī

【解释】 山东省淄博市的一个区。

【听写提示】

1. 杭州最早的寺庙；

2. 这座庙始建于东晋咸和元年，开山祖师为慧理和尚；

3. 现在这里是人们学佛、观光、祈福、休闲的佛教圣地。

【词语】 灵 隐 寺

【注音】Língyǐn Sì

【解释】一座寺庙，位于浙江省杭州市西湖西面。

【相关知识】白居易与灵隐寺：唐代著名诗人白居易曾经担任过杭州刺史。当时的朝廷内忧外患，在河北一带又出现了兵乱，白居易多次上书要求平定兵乱，都没有被皇帝采纳，他的满腔热情倍受打击，于是申请调离京城，来到了杭州出任刺史。他在杭州爱上了这里的山山水水，并且他勤政爱民，在钱塘湖上筑造了堤坝，解决了钱塘湖的水患，他还疏通了堵塞多年的几口井，解决了当地百姓的吃水问题。

在杭州时白居易最爱去的地方就是灵隐寺，并留下了很多诗作。

宿灵隐寺

唐·白居易

在郡六百日，入山十二回。

宿因月桂落，醉为海榴开。

黄纸除书到，青宫诏命催。

僧徒多怅望，宾从亦徘徊。

寺暗烟埋竹，林香雨落梅。

别桥怜白石，辞洞乱青苔。

渐出松间路，犹飞马上杯。

谁教冷泉水，送我下山来。

从诗的第一句就能看出白居易来灵隐寺的频率有多高，六百日中就来了十二次。他住在灵隐寺中看月桂花落，在石榴树下喝着酒，一副悠闲自得的样子。虽然这么舒服，他却不能多待，他是个有公务在身的人，只得匆匆离去，离开的时候依依不舍，看着桥边的白石，洞口的青苔，骏马疾驰在松树林里，好像是冷泉水送他出来的。说起这冷泉，白居易还为这冷泉旁的冷泉亭写过一篇《冷泉亭记》，这亭子也因为大作家的这篇作品而流芳百世。

【听写提示】

1. 一种天文现象；

2. 这种现象的发生与金星或水星、太阳和地球三者的位置有关；

3. 这种现象的命名跟在地球上观测到的情景有关。

【词语】 凌日

【注音】 língrì

【解释】 金星和水星在轨道运行时，经过太阳和地球的中心位置，从地球上观察，太阳上就会出现黑点，这种现象叫作凌日。

【听写提示】

1. 一种花，这种花的花语为"慈母之爱"；

2. 它常与冬青、樱草放在一起，结成花束赠送给母亲，表达对母亲的爱。

【词语】 凌霄花

【注音】 língxiāohuā

【解释】 攀援植物，园林花卉。

【相关知识】 舒婷《致橡树》：我如果爱你——绝不学攀援的凌霄花，借你的高枝炫耀自己。

【听写提示】

1. 人名，他是中国最早明确主张用逻辑推理的方式来论证数学命题的人；

2. 他著有《九章算术注》和《海岛算经》，在中国数学史上有重要地位，其中《九章算术注》整理中国古代数学体系并奠定了它的理论基础，形成了一个比较完整的理论体系。

【词语】 刘徽

【注音】 Liú Huī

【解释】 魏晋时期的科学家。

【听写提示】

1. 人名，他编有《皇极历》，在中国历法史上有重大的突破；

2. 他编的皇极历是中国古代现存最早的给出完整的太阳运动不均匀改正数值表的历法。

【词语】 刘焯

【注音】 Liú Zhuó

【解释】 隋代天文学家。

【相关知识】 唐·魏征《隋书》：论者以为数百年以来，博学通儒，无能出其右者。大意是，作者魏征认为数百年来说到博学的儒士，没有人能超过刘焯的。

【听写提示】

1. 一个湖泊，位于四川省和云南省之间，被称为"高原明珠"；

2. 湖边的居民主要为摩梭人，摩梭人至今仍然保留着母系氏族婚姻制度，也有部分纳西族和普米族同胞居住。

【词语】 泸沽湖

【注音】 Lúgū Hú

【解释】 湖泊名，为四川和云南两省的界湖。

【听写提示】

1. 一种鸟，擅于捕鱼，又叫鱼鹰；

2. 在中国南方，渔民曾经饲养这种鸟来捕鱼。

【词语】 鸬 鹚

【注音】 lúcí

【解释】 鸟类，羽毛黑色，有紫色金属光泽，脚有蹼。

【相关知识】 1. 郑振铎《鸬鹚》：渔人只要站起来，拿竹篙向船舷一抹，鸬鹚就都扑着翅膀钻进水里去了。

2. 飞网渔业：用鸬鹚捕鱼是中国一种传统的捕鱼方法，鸬鹚就像是会飞的渔网，因此这种传统捕鱼方法俗称"飞网渔业"。

【听写提示】

1. 一种鸟，又叫卡古鸟，生活在太平洋的岛屿上，新喀里多尼亚特有的一种鸟类；

2. 它的羽毛很美丽，不能飞，在地面用树枝筑巢；

3. 它的叫声尖锐奇特。

【词语】 鹭 鹤

【注音】 lùhè

【解释】 鸟类，羽毛浅灰色，喙和脚呈橘红色，腿长。

【听写提示】

1. 位于辽宁省境内，又称医无闾山；

2. 山上有许多始建于辽、金的古建筑；

3. 山脚下有著名的山神庙，又叫北镇庙。

【词语】

【注音】 Lú Shān

【解释】 辽宁省境内的一座山。

【听写提示】

1. 这是一位德国科学家的名字；

2. 他发现了一种有非常强穿透力的光，即X射线。

【词语】

【注音】 Lúnqín

【解释】 德国科学家。他于1901年获诺贝尔物理学奖。

【听写提示】

1. 一种假想出来的天体；

2. 日食、月食现象发生在这种天体的附近，因此又称食（蚀）神；

3. 古印度神话中的一个恶魔，在印度占星术中认为他能支配人间的吉凶祸福。

【词语】

【注音】 luóhóu

【解释】 中国从印度天文学中引入的一个概念，指一种假想的天体。

【相关知识】 1. "睺"曾长期被误作"睺"。

2. 古印度神话中，罗睺偷喝不死之水，被日神与月神告发，因此遭到惩罚被砍下了头和手臂，上身化作黑暗之星，为了报复日神和月神，他经常将他们吞噬，形成日食和月食。

【听写提示】

1. 一座山位于四川省境内；

2. 主峰是金字塔形状的角峰，冰川作用形成的，十分雄伟壮观；

3. 山上有仙人洞，被当地人称作"神仙居住的地方"；

4. 山上遍植杜鹃花，品种繁多，还有此地才有的特有品种。

【词语】 螺髻山

【注音】 Luójì Shān

【解释】 四川境内的山名。

【听写提示】

1. 人名，他本为民间天文学家，后汉武帝为修历法广纳天下贤才，经人推荐来到京城；

2. 他制造观测星象的浑天仪，是浑天学说的创始人之一；

3. 他创制历法《太初历》，确立正月为一年的开端，首次将二十四节气纳入历法，是中国历史上历法的一次大改革；

4. 在中国民间被称为"春节老人"，因为他在历法上确立了春节；

5. 有一颗星星以他的名字命名。

【词语】 落下闳

【注音】 Luò Xiàhóng

【解释】 西汉天文学家。

【听写提示】

1. 一座城市，位于河南省；

2. 它是中国首个"食品名城"。

【词语】

【注音】Luóhé

【解释】河南省的一个市。

M

【听写提示】

1. 一种植物，生于高山地区；
2. 它的根圆锥形，粗大，有多根须子扭结而成，可以入药。

【词语】

【注音】máhuājiāo

【解释】草本植物，分布于尼泊尔，以及中国的西藏、四川、青海、甘肃、宁夏及湖北西部。

【听写提示】

1. 一种鱼，生活在淡水中，在海中产卵；
2. 它的皮肤可以辅助呼吸，因此可以离开水一段时间；
3. 冬季它会钻进泥中冬眠。

【词语】鳗鲡

【注音】 mánlí
【解释】 鱼类，身体细长呈柳叶状。

【听写提示】

1. 一种植物，可以用作麻醉，所以又叫"东方麻醉剂"；
2. 中国古代用这种花制作麻醉剂，叫"蒙汗药"；
3. 误食这种植物可能会中毒。

【词语】

【注音】 màntuóluó

【解释】 草本植物，全株有毒，花呈漏斗状，叶、花、籽均可入药。

【听写提示】

1. 一座山，位于豫、皖、苏、鲁四省结合部的河南省永城市芒山镇；
2. 这里有丰富的历史故事与人文古迹而闻名于世，这里是汉高祖刘邦斩蛇起义之地，汉文化的富集区，还有陈胜墓、持续千年的庙会；
3. 相传孔子周游列国的时候，路遇大雨，于是在这里避雨，留下了夫子避雨处；

【词语】

【注音】 Mángdàng Shān

【解释】 河南省的一座山。

【相关知识】 唐·高适《和崔二少府登楚丘城作》：清晨眺原野，独立穷寥廓。云散芒砀山，水还睢阳郭。这两句诗的大意是，作者清晨眺望原野，有种遗世独立的感觉，看见芒砀山的云散了，水围绕着睢阳城。

【听写提示】

1. 一种动物，当它捕到食物时，无论大小都会吞下去；

2. 在中国传统文化中，这种蛇具有重要地位，地位尊贵的人如皇帝的兄弟或王爷穿绣有这种蛇的花纹的衣服；

3. 它是中国国家一级重点保护野生动物。

【词语】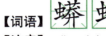

【注音】 mǎngshé

【解释】 体形粗大的原始蛇类，身体表面有云状斑纹。

【听写提示】

1. 一种鸟，夜间活动，视觉敏锐；

2. 在中国古代这种鸟被认为是恶鸟，它的出现会带来灾祸；

3. 在中国台湾地区这种鸟被认为是吉祥的象征，是送子鸟，也是婴儿的保护神；

4. 在古希腊神话中，这种鸟是智慧女神雅典娜的使者，因此也是智慧的象征。

【词语】

【注音】 māotóuyīng

【解释】 鸟类，面部与猫相似。

【听写提示】

1. 一座山，位于江苏省；

2. 相传西汉茅氏三兄弟在此修道成仙，号"三茅真君"，这座山因此得名；

3. 道教称此地为"第一福地第八洞天"。

【词语】

【注音】 Máo Shān

【解释】 江苏省的一座山。

【听写提示】

1. 高寒地区特有的牛种；

2. 它有很长的毛；

3. 它是中国国家一级保护动物。

【词语】

【注音】 máoniú

【解释】 大型偶蹄类动物，主要生活在青藏高原。

【听写提示】

1. 象征着"爱情"与"美丽"的花；

2. 花朵可以食用、提炼精油。

【词语】

【注音】 méiguī

【解释】 落叶灌木，茎有刺。

【相关知识】 唐·温庭筠《舞曲歌辞·屈柘词》：杨柳萦桥绿，玫瑰拂地红。这两句诗的大意是，杨柳围绕着的桥仿佛也变成了绿色的，红艳艳的玫瑰把地面都变成了红色的。

【听写提示】
 1. 这是中国清代一位科学家的名字；
 2. 他精通中西天文学；
 3. 他的著作有《明史历志拟稿》《历学疑问》《古今历法通考》《勿庵历算书目》等。

【词语】
【注音】 Méi Wéndǐng
【解释】 清初科学家。他被称为清代"历算第一名家"。

【听写提示】
 国家名，位于亚洲东南部，中南半岛西部，北部和东北部临中国西藏和云南。

【词语】
【注音】 Miǎndiàn
【解释】 全称缅甸联邦共和国，首都内比都。
【相关知识】 "缅甸"这个称谓从中国古代开始就已经有了，到元朝得到普及。"缅"在古汉语中是遥远的意思，"甸"在古汉语中指郊外的地方，所以"缅甸"的意思是"遥远的郊外"。

【听写提示】

1. 一种树，果实的果肉是白色的，质地像面包一样，因此得名；

2. 它的果实煮熟之后可以食用，是西印度群岛的重要食品。

【词语】 面 包 果

【注音】 miànbāoguǒ

【解释】 常绿乔木，原产自太平洋热带地区，在中国华南地区多有栽种。

【听写提示】

1. 一座山，位于四川、甘肃交界的地方；

2. 它是长江、黄河的分水岭，岷江、嘉陵江的发源地；

3. 山上森林中有许多珍稀动物，如大熊猫、金丝猴、白唇鹿等。

【词语】 岷 山

【注音】 Mín Shān

【解释】 山名，海拔四千米左右。

【听写提示】

中国古代指东方吹来的风。

【词语】 明 庶 风

【注音】 míngshùfēng

【解释】 东风。

【相关知识】八风：在中国古代为八个方向的风分别命名，东方叫明庶风，东南叫清明风，南方叫景风，西南叫凉风，西方叫阊阖风，西北叫不周风，北方叫广莫风，东北叫融风。

【听写提示】

1. 曾经是太阳系九大行星之一，后被降格不再是行星；
2. 它表面有微弱的光环；
3. 它的引力是地球的1/16。

【词语】 冥王星

【注音】 míngwángxīng

【解释】 宇宙中的星体。

【听写提示】

1. 星座名，又叫山羊座，在星空呈倒三角形；
2. 在古希腊传说中是牧神潘恩的星座。

【词语】 摩羯座

【注音】 mójiézuò

【解释】 天文星座，黄道十二星座之一。

【相关知识】 1. 宋·苏轼《前赤壁赋》：月出于东山之上，徘徊于斗牛之间。这里的斗牛就是指牛宿，在中国古代的星座系统中，摩羯座属于牛宿的天区。

2. 黄道十二星座：在占星学上，黄道十二星座是宇宙方位的代名词，它们依次为白羊座、金牛座、双子座、巨蟹座、狮子座、处女座、天秤座、天蝎座、射手座、摩羯座、水瓶座、双鱼座。

【听写提示】

1. 石窟名，又叫千佛洞，位于甘肃境内；
2. 主要开凿于盛唐时期；
3. 里边有彩色佛像和壁画，艺术水平很高；
4. 1987年被联合国教科文组织列入世界文化遗产保护项目。

【词语】 莫 高 窟

【注音】 Mògāo Kū

【解释】 唐代佛教石窟。

【相关知识】 位于甘肃省的敦煌莫高窟与山西大同云冈石窟、河南洛阳龙门石窟、甘肃天水麦积山石窟并称为中国四大石窟。

【听写提示】

1. 一种动物，生活在海中，有壳，又叫蚝（háo）；
2. 它的壳形状不规则，表面不光滑，可以用来烧制石灰；
3. 它的肉可以食用，味道鲜美。

【词语】 牡 蛎

【注音】 mǔlì

【解释】 双壳纲牡蛎科。分布于温带和热带。

【听写提示】

1. 一种草，可作为牧草，有"牧草之王"的美誉；
2. 这种草也可作为菜食用，叫作金花菜。

【词语】 苜 蓿

【注音】mù·xu

【解释】多年生草本植物，开蝶形花，结荚果，种类很多。

【听写提示】
1. 一座山，位于江苏省南京市；
2. 古称石灰山、白石山；
3. 据传说，晋朝王导为琅琊王在此建立幕府，因此得名。

【词语】

【注音】Mùfǔ Shān

【解释】山名，东北-西南走向，主峰海拔一百九十九米，除主峰外海拔为一百米。

N

【听写提示】
1. 湖泊名，位于青藏高原；
2. 它是中国第二大咸水湖；
3. 它是世界上海拔最高的大型湖泊。

【词语】

【注音】Nàmùcuò

【解释】位于青藏高原的咸水湖。

【听写提示】

1. 山峰名，又叫木卓巴尔山，位于青藏高原；

2. 因为这里终年积雪，又云雾缭绕，很难见真面目，所以又叫作羞女峰。

【词语】 南 迦 巴 瓦

【注音】 Nánjiābāwǎ

【解释】 一般指南迦巴瓦峰，是中国西藏地区最高的山，海拔7782米。

【听写提示】

1. 一种鱼，这种鱼身体表面没有鳞，有黏液；

2. 它是肉食性鱼类，以小型鱼类为食；

3. 它视力很弱，靠嗅觉和触须捕食。

【词语】 鲶 鱼

【注音】 niányú

【解释】 硬骨鱼类，头部扁平，嘴两侧有触须，尾部侧偏。

P

【听写提示】

1. 一种动物，又叫大角羊、大头羊；

2. 雄性的角又长又粗，向下螺旋状扭曲，因此得名；

3. 这种动物善于爬山。

【词语】 盘羊

【注音】 pányáng

【解释】 哺乳动物，栖息于高原和山麓地带。分布于亚洲。

【听写提示】

1. 一种植物，葫芦的一个变种，果实形状如梨；
2. 果实嫩时可以食用，老熟之后对半剖开可以做水瓢。

【词语】 匏瓜

【注音】 páoguā

【解释】 一年生草本植物，叶子掌状分裂，茎上有卷须。

【听写提示】

1. 这是一个地理学家的名字，他生活在中国魏晋时期；
2. 他在地图绘制方面很有建树，代表作为《禹贡地域图》。

【词语】 裴秀

【注音】 Péi Xiù

【解释】 魏晋时期地理学家。他开创了中国古代地图绘制学。

【听写提示】

1. 一种水鸟，又叫刁鸭、油鸭、水葫芦；
2. 这种鸟能飞却不擅长飞；

3. 这种鸟受到惊吓时飞起，却很低，几乎贴着水面。

【词语】 鸊 鷉

【注音】 pìtī

【解释】 一种外形略像鸭子的鸟。

【听写提示】

1. 一种植物，又称茄莲、球茎甘蓝；
2. 它的球茎可以食用，有蓝色的和紫色的。

【词语】 苤 蓝

【注音】 piě·lan

【解释】 草本植物，甘蓝的一种。

【听写提示】

1. 在中国古代称作彭蠡湖，位于江西省，中国第一大淡水湖，第二大湖泊；

2. 这里是世界上最大的鸟类保护区，被称为"白鹤世界"、"珍禽王国"，保护区内鸟类有三百多种，近百万只，其中白鹤等珍禽五十多种；

3. 这里是中国古代从北方进入江西的唯一水道，因此这里有很多文人轶事和民间传说。

【词语】 鄱 阳 湖

【注音】 Póyáng Hú

【解释】 淡水湖。

【相关知识】大孤山的传说：在鄱阳湖中有一座大孤山，这座山的来历有一段传说。湖边有一个青年渔郎，他有一次打鱼的时候，打上来一个盒子，他打开一看，盒子里有一颗珍珠，他拿着珍珠回家的路上遇见一个少女，少女在路边哭得很伤心，好心的渔郎就上前问少女为什么哭，少女说丢失了珠子，渔郎想到自己刚刚打上来的珠子，就拿给少女看，少女看到珠子一下儿就开心起来，这正是她丢的那颗，于是渔郎把珠子还给了少女，少女一再感谢他。

过了几天，渔郎在湖上打鱼的时候，狂风大作，天昏地暗，正在危难之际，渔郎看见了那个少女拿着珠子，在少女的指引下渔郎平安地回到了岸边。少女告诉了渔郎她的身世，她原本是天上的仙女，名叫大姑，因触犯了天条被贬到鄱阳湖中。大姑和渔郎互相有好感，就结为了夫妻。当地有一个恶霸，他贪恋大姑的美色，想拆散大姑和渔郎，这时天庭也知道了大姑与凡人结为夫妻，于是派天兵来捉拿她。大姑被捉走了，在半空中的时候，她看见恶霸正在欺负渔郎，心急之下，她丢下自己的一只鞋子，正好压在恶霸身上。

后来这只鞋子就化作了湖里的一座山，原名大姑山，后来变成了大孤山。

【听写提示】

1. 印度国树，在中国开始种植始于佛教的传入；

2. 传说释迦牟尼是在这种树下修行，因此这种树与佛教结下不解之缘。

【词语】 菩 提 树

【注音】 pútíshù

【解释】 大型常绿乔木。

【相关知识】 菩提偈

惠 能

菩提本无树，明镜亦非台。

本来无一物，何处惹尘埃！

偈，读音jì，佛教用语，指佛经中的唱词。惠能，是唐代高僧。他小时候父亲就去世了，一直过着贫穷的生活。有一次他卖柴的途中，听到有人诵读《金刚经》，他听着很有感触，于是产生了学习佛法的念头。他去黄梅山，跟从五祖弘忍学习佛法。弘忍年事已高，想要传衣钵给最优秀的徒弟，于是要求众弟子写偈，来看看弟子们对佛法的理解与悟性，于是惠能写了这首偈。弘忍从中看出了惠能有惠根，必能弘扬佛法，于是把衣钵传给惠能，世称六祖惠能。

当时弘忍的大弟子神秀作了一首：身是菩提树，心如明镜台。时时勤拂拭，莫使有尘埃。这首偈的大意是，身体是菩提树，心是明镜台，要常常擦拭，不能使身心落上尘埃。惠能的这首偈是根据神秀的作出来的，大意是，菩提没有树，明镜也不是什么台，本来就什么都没有，还谈什么会落尘埃啊。

【听写提示】

1. 一种植物，俗称婆婆丁；
2. 它的种子上有白色的毛结成的绒球，容易随风飘散；
3. 它可以食用，具有药用价值。

【词语】

【注音】 púgōngyīng

【解释】 多年生草本植物，叶子呈锯齿状。

【听写提示】

1. 一种植物，主要生长在中国南方；
2. 它的叶子可以用来制作扇子，在扇上作画成为一门技艺；

3. 它可以做盆栽。

【词语】

【注音】púkuí

【解释】常绿高大乔木，花小，黄绿色，果实椭圆形，成熟时黑色。

【相关知识】葵扇：葵扇在中国古代称作梭扇，用蒲葵的叶子制作扇子始于晋代。东晋的大臣谢安喜欢手摇蒲扇在街上行走，看上去很潇洒，因为他的影响力很大，于是有很多人效仿他，使得葵扇在当时一下子流行起来。

广东省江门市新会区的葵扇最为著名，新会葵扇已入选国家级非物质文化遗产名录。新会盛产蒲葵，东晋的时候就开始大规模种植蒲葵加工蒲扇，扇面上的绘画也是十分精美，明代把新会葵扇列为贡品。

Q

【听写提示】

一种风，从西南吹来。

【词语】凄风

【注音】qīfēng

【解释】西南风。

【相关知识】《左传·昭公四年》：春无凄风，秋无苦雨。

这里的凄风指寒风，这两句诗的大意是，春天没有寒风，秋天没有大雨。

【听写提示】

1. 中国民族英雄，在东南沿海抗击倭寇十余年，清除了多年为虐沿海的倭患；

2. 他在北方抗击蒙古部族内犯十余年，保卫了北部疆域的安全，促进了蒙汉民族的和平发展；

3. 他还改造、发明了各种火攻武器建造各种战船、战车，使军队在装备上优于敌人；

4. 他在长城上修建空心看台，是极具特色的军事工程。

【词语】 戚 继 光

【注音】 Qī Jìguāng

【解释】 中国明代军事家。

【听写提示】

1. 一种鱼，体长一米以上，游起来速度很快；

2. 这种鱼又叫阴凉鱼，因为它喜欢躲在阴凉的地方；

3. 这种鱼还有一个称号叫水下狐狸，在危难之时它会一动不动地装死，像狐狸一样狡猾。

【词语】 蜞 鳅

【注音】 qíqiū

【解释】 硬骨鱼，体长侧偏。额部随着年龄增长逐渐突出。属大洋性掠食鱼类，大多成群于水表层捕食洄游性鱼类，也常捕食乌贼。

【听写提示】

　一种树，适宜做柳条编织品。

【词语】　杞柳

【注音】qǐliǔ

【解释】灌木，主要生长在中国的东北三省，生于山地河边、湿草地等。

【听写提示】

　1. 一种植物；

　2. 它的茎和叶上有毒，人或动物碰触会引起不适，因此也叫蜇人草或咬人草；

　3. 它的纤维可以用于纺织衣物。

【词语】　荨麻

【注音】qiánmá

【解释】多年生草本植物，全草可入药。

【相关知识】注意"荨"的读音为qián，容易误读成xún，在"荨麻疹"中读作xún。

【听写提示】

　1. 一种短暂出现的自然现象，出现在连续下雨的时候；

　2. 在正午前后，雨停止了，或者云层稍微开了一些，并出现阳光。

【词语】　遣昼

【注音】qiǎnzhòu

【解释】一种自然现象。

【听写提示】
一种草，根可以做红色染料，也可以入药。

【词语】**茜草**

【注音】qiàncǎo
【解释】多年生草本植物，开黄色花，结球形果实。

【听写提示】
1. 一种昆虫，俗称屎壳郎；
2. 它以动物的粪便为食，往往是把动物粪便滚成球形，便于运输。

【词语】**蜣螂**

【注音】qiāngláng
【相关知识】昆虫，全身黑色。

【听写提示】
1. 一种植物；
2. 它的花朵可以供蜜蜂采食酿蜜；
3. 它的种子去皮磨成粉，用来做面食，磨下来的皮可以用来填充枕头和坐垫；
4. 它的种子还可以酿酒。

【词语】**荞麦**

【注音】 qiáomài

【解释】 一年生草本植物，花白色或淡红色，果实呈三角形。

【听写提示】

1. 一种蔬菜；
2. 颜色上有紫色、黑色、淡绿色和白色；
3. 形状上有长圆形，也有圆形、椭圆形。

【词语】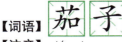

【注音】 qié·zi

【解释】 一年生草本植物，紫色花，表面有光泽，果实为常见蔬菜。

【听写提示】

1. 自然现象，又叫霓、副虹；
2. 雨后天空中出现的弧形彩带，它的颜色排列顺序与虹相反。

【词语】

【注音】 qiè' èr

【解释】 一种大气光学现象。

【听写提示】

1. 一种树，它是制作书画宣纸的优质原料；
2. 木材可以用来制作家具、乐器；
3. 它能在石灰岩山地生长，是这种地质条件下的造林树种，应予以保护。

【词语】 青檀

【注音】 qīngtán

【解释】 高大落叶乔木，果实有圆形的翅，成熟后容易脱落飞散。

【听写提示】

1. 在中国古代指四季中的一个季节；
2. 这个季节大地上开始出现青色，阳光渐渐温暖起来。

【词语】 青阳

【注音】 qīngyáng

【解释】 在中国古代指春天。

【听写提示】

1. 一种树，很高大，又叫望天树；
2. 它是中国云南的特产珍贵濒危树种，已经建立了保护区；
3. 树木坚硬耐腐蚀，不受虫蛀。

【词语】 擎天树

【注音】 qíngtiānshù

【解释】 高大乔木，高可达四十米至六十米，树皮灰色或棕褐色。

---

1. 一个城市，位于四川省；
2. 这座城市古称临邛，是西汉著名才女卓文君的故里；
3. 这座城市是"南方丝绸之路"、"茶马古道"的第一站。

【词语】邛崃

【注音】Qiónglái

【解释】四川省的一座城市。

【听写提示】
1. 一座山，位于四川省；
2. 这座山是岷江和大渡河的分水岭。

【词语】邛崃山

【注音】Qiónglái Shān

【解释】位于四川省的一座山，主峰高六千二百一十五米。

【听写提示】
1. 一种动物，又叫地龙，古称曲蟮；
2. 它生活在土里，在土地中活动能够使土壤疏松，适合作物生长；
3. 它的排泄物能够提高土壤肥力；
4. 它是鸡鸭等禽类还有鱼类的优良饲料；
5. 它可以分解垃圾。

【词语】蚯蚓

【注音】qiūyǐn

【解释】环节动物，身体呈细长管状，可以入药。

【听写提示】

1. 一种树，它的嫩叶和花可以食用；
2. 它的树叶、皮和种子均可入药；
3. 这种树具有观赏价值和绿化效果，自古以来就广泛栽植于皇宫庭院。

【词语】 楸 树

【注音】 qiūshù

【解释】小乔木，原产中国。

【听写提示】

1. 一种动物，又称铠鼠；
2. 它身体表面是由细小骨片组成的铠甲，作为防御的武器；
3. 它以蚁类等害虫为食，对人类有益；
4. 它是2014年巴西足球世界杯的吉祥物。

【词语】 犰 狳

【注音】 qiúyú

【解释】小型哺乳动物，昼伏夜出，主要栖息在树林、草原和沙漠地带。

【听写提示】

1. 中国历史文化名城，位于山东省；
2. 这里是孔子的故乡，古称鲁县，是周朝时期鲁国国都。

【词语】 曲 阜

【注音】 Qūfù

【解释】 山东省的一个城市。

【相关知识】 1. 曲，读作qǔ的时候指歌曲、戏曲等，其他情况读作qū。

2. 曲阜有著名的"三孔"：孔府、孔庙、孔林。

【听写提示】

1. 又名夔峡，位于重庆市；

2. 它在长江三峡中是最短的一个。

【词语】 瞿 塘 峡

【注音】 Qútángxiá

【解释】 长江三峡中的一部分。

【相关知识】 1. 注意"瞿"的写法，容易误写成"翟"。

2. 长江三峡：长江三峡自西向东依次为瞿塘峡、巫峡、西陵峡。中国南北朝时期的地理学家郦道元的著作《水经注》中就有对三峡地势和四季景色的描绘。

【听写提示】

1. 中国历史文化名城，位于浙江省西部；

2. 这里旅游资源丰富，名胜古迹有烂柯山、江郎山、南孔庙等。

【词语】 衢 州

【注音】 Qúzhōu

【解释】 浙江省的一个城市，有"神奇山水，名城衢州"的美誉。

【相关知识】烂柯山——围棋仙地：柯，指斧子的柄。据传晋朝一个樵夫到山上砍柴，观看两个童子下棋入了迷，等他回过神来，斧头的柄已经烂了。樵夫回到村里，发现已经过了数十年。因此这座山被叫作烂柯山，烂柯也成了围棋的别称。

【听写提示】

1. 一种草；

2. 它多作为野菜食用，在东北多用来蘸酱。

【词语】

【注音】 qǔ · maicài

【解释】 多年生草本菊科植物，全株有乳汁。

【相关知识】 苣荬菜在中国食用的历史很长，《诗经·邶风·谷风》中有"谁谓荼（苣荬菜）苦，其味如荠"的说法，这里的荼指的就是苣荬菜，这句话的大意是谁说苣荬菜吃起来是苦的，其实吃起来和荠菜一样。

【听写提示】

1. 一种动物，又叫臭老鼠，它靠释放臭气来抵御敌害；

2. 它喜欢吃虫子，每天要吃很多东西，所吃掉的食物相当于自己的体重；

3. 它的眼睛和耳朵很小，嘴很长。

【词语】 鼩鼱

【注音】 qújīng

【解释】 小型哺乳动物，外表与鼠类似。

【听写提示】

1. 一种海藻，藻体褐色，带片中部有明显的中肋，类似叶子的叶柄，有羽状裂纹；

2. 这种海藻可供食用，也可提取工业原料。

【词语】裙带菜

【注音】qúndàicài

【解释】藻类植物，生长在温暖海洋中，中国北方沿海均有分布。

R

【听写提示】

1. 一种植物，又叫山姜、野老姜、莲花姜；

2. 它的根部有药用价值；

3. 它的嫩芽可以食用。

【词语】蘘荷

【注音】ránghé

【解释】多年生草本植物，姜科，生于林下阴湿处。

【听写提示】

1. 一种植物，又叫金银花，花刚开始为白色，像银子，然后会变成黄色，又像金子，因此得名；

2. 它是常用中草药，在中国有悠久的历史。

【词语】 忍冬

【注音】 rěndōng

【解释】 半常绿灌木，适应性强。

【听写提示】

1. 一种太阳活动产生的现象，产生在太阳的色球层上，是太阳活动的标志之一。

2. 这种现象发生的光比太阳光弱得多，在一般情况下看不见，在日全食时，肉眼可见，它是火红色的。

3. 它像太阳的"耳环"一样。

【词语】 日珥

【注音】 rì'ěr

【解释】 一种强烈的太阳活动。

【听写提示】

1. 用来计时的仪器，又称作日规，它是利用太阳照在物体上会产生影子的原理；

2. 它由圆盘即晷盘和一根针状物即晷针组成；

3. 晷盘上有刻度，晷针在不同刻度上的影子指示时间。

【词语】 日晷

【注音】 rìguǐ

【解释】 中国古代一种计时仪器。

【相关知识】注意"晷"的写法，晷本意是太阳的影子。

【听写提示】
1. 指太阳大气的一部分，它是很厚的一层；
2. 它温度很高，内层温度可达一百万摄氏度；
3. 它可以在日全食时被观测到。

【词语】
【注音】 rì miǎn
【解释】 太阳大气的最外层。

【听写提示】
1. 天文学用语，日晕的一种；
2. 它呈下垂状，出现的时候代表着将会有长时间的晴天。

【词语】
【注音】 rìzhuàng
【解释】 一种大气光学现象。

【听写提示】
1. 一种动物，外形与蜥蜴类似，体表没有鳞片；
2. 它生活在潮湿的环境中，因为它需要靠皮肤来吸收水分；
3. 当温度下降到摄氏零度以下的时候，它会进入冬眠状态。

【词语】 蝾 螈

【注音】róngyuán

【解释】两栖动物，主要分布在北半球的温带地区。

【听写提示】

1. 一种海兽，也叫南海牛，生活在中国广东、广西、台湾等省沿海一带；

2. 它喂奶时用粗壮的"手"抱着孩子，头部和胸部露出水面，与人类类似，因此又叫美人鱼；

3. 据《述异记》记载，宋朝有个叫查道的人在航海时见过一种鱼，他描述说"海上有妇人出现，红裳双袒，髻鬟纷乱"。

【词语】**儒艮**

【注音】rúgèn

【解释】海牛目，儒艮科，主要分布于印度洋与西太平洋海岸，尤其是有丰富海草生长的地区。儒艮，为马来语的语音直译。

【相关知识】1. 中国南北朝时期就已经有了儒艮的记录，在南朝梁代文学家任昉编纂的《述异记》中记载了宋朝有个叫查道的人在航海时，见过一种鱼，他描述说"海上有妇人出现，红裳双袒，髻鬟纷乱"，这句话的大意是，海上有妇女出现，这妇女穿着红色的衣裳，头发很乱。

2. 丹麦作家安徒生有一个讲述美人鱼的童话《海的女儿》，是世界著名童话。童话中的小美人鱼是海王的女儿，生活在海里，根据海里的规定她满十六岁的时候就可以浮出海面了，在她浮出海面的时候，见到了在海上游轮中的王子，这时海上起了风暴，王子的游轮被摧毁了，小美人鱼救了王子，并把他带到岸边，直到有人来她才离开。小美人鱼爱上了王子，她为了到人的世界与王子在一起，在海巫婆那里用自己甜美的嗓音换了人类的双腿，但是她每走一步都像走在刀尖上一样，这些小美人鱼都接受了。她如愿以偿变成了人的样子，并且来到了王子身旁，只可惜她不能说话，走路也很疼。王子则一直在寻找他在海上遇难时救他的人，却不知道他一直要找的人就在他的身旁。最后王子找到了他在海边遇到的女孩，并以为是她救了自己，于是他决定娶那个女孩。如果王子娶了她，那么小美人鱼就会在他们婚礼的第二天早上化作天空的泡沫。小美人鱼的姐姐们为了救她，用她们的头发跟海巫婆换了一把刀，只要小美人鱼把刀插进王子的心脏，让血流到她的腿上，那么双腿会变回鱼尾，她就能回到海中生活。可是小美人鱼没有这么做，在天亮的时候她化作了泡沫，去到了天国的女儿那里。

现在在丹麦的海边有美人鱼的雕像，已经成了当地的标志性建筑，著名的旅游景点。

【听写提示】

1. 一种历法，根据儒略·恺撒的名字而命名；

2. 在这种历法中平年365天，闰年366天，四年一闰年；

3. 恺撒的继承人奥古斯都从2月里拿走一天放进8月，又把9月、11月改为小月，10月、12月改为大月。

【词语】

【注音】 Rúlüè Lì

【解释】 公元前46年，罗马统帅儒略·恺撒根据埃及的阳历历法而制定的历法。

【听写提示】

1. 一种竹子，它的叶子很大可以包粽子；

2. 它的秆可以做筷子、毛笔杆、扫帚秆等；

3. 笋可以食用。

【词语】

【注音】ruòzhú

【解释】竹类，观叶植物，主要分布于浙江、湖南等地的山间。

S

【听写提示】

1. 一种植物，是中药材；

2. 播种三年到七年可以采摘，它每株长三个叶柄，每个叶柄生七个叶片，因此得名；

3. 可以在春季和冬季两个季节采挖。

【词语】

【注音】sānqī

【解释】多年生草本植物，又叫田七，根部可以入药。

【听写提示】

1. 一种花，又叫人面花、猫脸花、鬼脸花；

2. 花朵通常有三种颜色，因此得名；

3. 这种花是欧洲常见的野花，原产冰岛，是冰岛的国花。

【词语】

【注音】sānsèjǐn

【解释】 一、二年或多年生草本植物，花朵大，在中国各地公园中皆有栽培供欣赏。

【相关知识】 传说三色堇本来是纯白色的，有一次爱神丘比特在射箭的时候，不小心射到三色堇上，可怜的花朵流出了泪水和鲜血，就把本来纯白的花朵染上了其他颜色，才成了今天的样子。

【听写提示】

1. 一种远古生物；

2. 这种生物横向上分为头部、胸部和尾部，纵向上分为中轴及其两边的侧叶部分；

3. 这种生物原来生活在海洋中，现在已灭绝；

4. 这种生物在地球上生活了三亿多年，生命力极强。

【词语】

【注音】 sānyèchóng

【解释】 节肢动物，古生物。

【相关知识】 三叶虫化石的发现：在明朝崇祯年间，一个名叫张华东的人在山东泰安大汶口发现了一块石头，这块石头里还包裹着一个"怪物"，这个"怪物"看上去像是展开翅膀的蝙蝠，于是他就把这块石头叫"蝙蝠石"。到了20世纪20年代，中国的古生物学家对"蝙蝠石"进行研究，终于弄清楚了原来这是一种三叶虫的尾部。为了纪念这个世界上三叶虫的第一个名字，中国科学家就把这种三叶虫叫作蝙蝠虫。

【听写提示】

1. 一种水鸟，体形较小，长约二十厘米；

2. 成年的鸟除翅膀羽毛外，其他部位呈白色；

3. 这种鸟喜欢在沙滨海滩活动，多喜欢群居。

【词语】三趾鹬

【注音】sānzhǐyù

【解释】生活在海边的候鸟。

【听写提示】
1. 一种用树木制成的杆子；
2. 这种杆子主要用来搭脚手架或撑船。

【词语】杉篙

【注音】shāgāo

【解释】杉树一类的树木，砍去树干上的枝叶后，制成细长的杆子。

【相关知识】注意"杉"的读音，在这里读作shā，容易误读成shān。

【听写提示】
1. 一种鸟，擅于飞翔，也能游水；
2. 它身体较粗壮，喙端略呈弯钩状；
3. 它以小鱼和其他水生动物为食。

【词语】沙鸥

【注音】shā'ōu

【解释】水鸟。

【相关知识】1. 唐·杜甫《旅夜书怀》：飘飘何所似，天地一沙鸥。大意是，这样飘飘荡荡的像什么？像天地间的一只沙鸥罢了。

　　2.　宋·陆游《秋思》：利欲驱人万火牛，江湖浪迹一沙鸥。火牛指的是双角绑上利刃，尾巴上燃烧着火冲向敌军的牛，最早在战争中使用火牛的是春秋时齐将田单攻打燕国的时候。这两句话的大意是，功名利禄对人的驱使作用要胜过火牛在后边追赶，浪迹江湖就像是一只沙鸥。

【听写提示】

1. 是海洋中最凶猛的鱼类之一，古代叫作鲛；
2. 它嗅觉敏锐，能闻到很远地方的血腥味；
3. 它有很多尖锐的牙齿，并且一生要替换很多次；
4. 它胆小，只有人类闯入它们的地盘的时候，才会攻击人类。

【词语】

【注音】 shāyú

【解释】 一种鱼类，骨架由软骨组成，体形庞大。

【听写提示】

1. 一种动物，身体呈黑色，有一层卷毛，耐寒；
2. 它鼻子前端向前突出，能够自由伸缩；
3. 它擅于游泳和潜水。

【词语】

【注音】 shānmò

【解释】 奇蹄目动物，外形与家猪相似，生活在森林中。

【听写提示】

1. 一种树；
2. 它的果实很小，红色，会成串挂在枝头；
3. 它的种子含油率高，可以榨油；
4. 它对土壤和环境要求不高，适应性强。

【词语】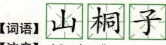

【注音】 shāntóngzǐ

【解释】 落叶乔木，速生树种，生于低山区的山坡、山洼等地。

【听写提示】

1. 世界上最大的猴；
2. 它的头部大而且长，鼻子红色，两侧为白色；
3. 它的屁股为紫红色。

【词语】

【注音】 shānxiāo

【解释】 灵长类动物，面部颜色鲜艳，肢体粗壮。

【相关知识】 山魈与鬼狒：鬼狒又叫灰狒狒，这两种动物外形上特别相似，只是鬼狒的面部是黑色的，不像山魈那样有鲜艳的颜色。

【听写提示】

1. 一种植物，它的果实圆形，红色，因此俗称山里红；
2. 果实可以生吃，也可以做果酱、糕点；

3. 果实制成干后可以入药。

【词语】 山楂

【注音】 shānzhā

【解释】 落叶乔木，叶子边缘有稀疏锯齿，果实圆形红色。

【相关知识】 传统小吃——冰糖葫芦，据传说冰糖葫芦起源于宋朝，宋光宗最宠爱的妃子因为没有胃口而日渐消瘦，一个民间的郎中治好了她的病，用的就是类似于今天的冰糖葫芦的东西。

【听写提示】

1. 一种东西，常见颜色有红色和白色，也有黑色和蓝色等；
2. 它的形状多种，以树枝状为最常见；
3. 可以用它制作工艺品。

【词语】 珊瑚

【注音】 shānhú

【解释】 由大量珊瑚虫石灰质骨骼堆积而成的物体。

【相关知识】 珊瑚有多种多样的颜色，因为珊瑚里包含着叶绿素和共生的虫黄藻细胞，这些细胞会根据光照强度的不同数量不同，也就使珊瑚看上去颜色有变化。

【听写提示】

1. 一种动物，生活在热带海洋中；
2. 它群体生活，很多个体共用一个胃；
3. 它口周围有很多触手，用来捕食海洋中的浮游生物。

【词语】 珊瑚虫

【注音】shānhúchóng
【解释】腔肠动物，圆筒形身体。

【听写提示】
1. 中国古代一种制度，始于秦朝；
2. 这种制度包括上报降雨量，报雨后用锄头挖土测得的深度；
3. 这种制度也包括上报降雪量，报积雪深度。

【词语】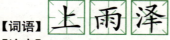

【注音】shàngyǔzé
【解释】中国古代的一种制度，各地要向中央上报当地雨雪的情况。

【听写提示】
1. 一种动物，体形与猫相似，比猫大；
2. 它的耳朵尖生有一撮竖起的黑毛；
3. 它是中国国家二级保护动物。

【词语】 猞 猁

【注音】shēlì
【解释】猫科，喜欢在寒冷的地方生活，在岩峰石洞或树洞中筑巢，擅长爬树，行动敏捷，性情凶猛。

【听写提示】
1. 一座山，位于上海市；
2. 相传，古代佘姓族人在此生活，这座山因此得名；
3. 这座山分东西两部分。

【词语】

【注音】Shé Shān

【解释】火成岩构成的低矮山丘，东佘山海拔七十四米，西佘山海拔九十八米。

【相关知识】据传说佘山是由两条蛇变成的，这两条蛇修炼了多年得道升仙，他们俩偷喝了天宫瑶池的水而变成了龙，王母把他们俩贬下凡间，他们俩在下凡的过程中打斗起来，于是人间就一直不停地下大雨，最后玉帝与王母派天兵天将把他们打回蛇形，化作了佘山。

【听写提示】

1. 中国历史文化名城，位于安徽省黄山市；

2. 这里是徽州文化发源地，是文房四宝中的徽墨、歙砚的主要产地；

3. 这里是徽剧的发源地。

【词语】

【注音】Shè Xiàn

【解释】安徽省黄山市的一个县城。

【听写提示】

1. 一种草，在中国古代，用这种草的茎来占卜；

2. 它的茎和叶子可以做香料，这种草有药用价值。

【词语】

【注音】shīcǎo

179

【解释】多年生草本植物，花白色，结扁平果。中国北部和西伯利亚分布较广。

【听写提示】
1. 汉代传入中国的树木品种；
2. 它的花大多为红色，可以观花；
3. 它的果实内的种子外皮多汁，可以食用，为常见水果。

【词语】

【注音】shí·liu
【解释】落叶灌木或小乔木，分布于温带和热带。
【相关知识】1. 唐·韩愈《榴花》：五月榴花照眼明，枝间时见子初成。大意是，五月盛开的石榴花像火焰一样照耀着人的眼睛，枝杈之间能隐隐约约看见刚结的果实。

2. 唐·白居易《山石榴寄元九》：闲折两枝持在手，细看不似人间有。花中此物是西施，芙蓉芍药皆嫫母。大意是，闲来折了两枝石榴花拿在手上，仔细看这花不像是人间的。这花就好比是西施，芙蓉芍药都是嫫母（中国历史上著名的丑女人）。

【听写提示】
1. 这种鱼与河豚、刀鱼齐名，被称为"长江三鲜"；
2. 它与黄河鲤鱼、太湖银鱼、松江鲈鱼并称中国历史上的"四大名鱼"；
3. 这种鱼味道特别鲜美，自古以来被视为江南水中珍品；
4. 从明代万历年间起，这种鱼成为贡品进入了紫禁城，至清代康熙年间，已被列为满汉全席中的重要菜肴。

【词语】

【注音】shíyú

【解释】鱼类，身体呈长椭圆形。

【相关知识】宋代大文学家苏轼称鲥鱼为"惜鳞鱼"、"南国绝色之佳"，并作诗赞曰："尚有桃花春气在，此中风味胜鲈鱼。"这两句诗的大意是春天桃花开放的季节，鲥鱼的味道要比鲈鱼鲜美。

【听写提示】

1. 一种历法，由古语"敬授人时"而得名，意思是要对百姓颁布历法，这样他们就会知道时令变化，不耽误农时；

2. 这种历法由郭守敬和王询等人创制；

3. 这种历法的创制是中国历法史上第四次大改革。

【词语】

【注音】Shòushí Lì

【解释】中国古代的一种历法，施行于元朝。

【听写提示】

1. 一种植物，通称山药，根块长圆柱形，含有较多淀粉和蛋白质，皮粗糙且薄；

2. 目前中国国内有三个地方的山药申请了国家地理标志保护产品，铁棍山药、陈集山药和佛手山药；

3. 它既是药品又是食品。

【词语】

【注音】shǔyù

【解释】多年生草本植物，茎蔓呈紫色，叶卵型或圆形，花呈乳白色，根块圆柱形。

【听写提示】

1. 镇子名，位于丽江古城西北，它曾经是茶马古道上的重要集镇；

2. 这里是纳西族先民生活的地方，地名为纳西语"高峰下的山寨"的意思；

3. 镇子里面建于明清时代的古建筑都保存完好，是中国著名的旅游胜地。

【词语】

【注音】 Shùhé

【解释】 云南丽江的一个地名，以镇子的古风古貌闻名。

【听写提示】

1. 这种鲨鱼头部左右两侧各有一个突起，就像梳了两个发髻，因此得名；

2. 它的眼睛长在两个突起上，相距足有一米，它观察事物时要摆动脑袋，因此可以看到周围三百六十度的范围；

3. 由于过度捕杀，这种鲨鱼数量在不断减少，科学家们正在采取各种办法来保护他们。

【词语】

【注音】 shuāngjìshā

【解释】 鲨鱼的一种。

【听写提示】

1. 一种动物，身体长七十厘米，尾巴扁长，可达到五十厘米；

2. 毛深褐色，柔软而有光泽；

3. 它趾间有蹼，擅长游泳，栖息在水边，以鱼虾等为食。

【词语】 水 獭

【注音】 shuǐtǎ

【解释】 哺乳动物，半水栖兽类。分布于欧洲、亚洲和非洲北部。中国国家二级保护动物。

【听写提示】

1. 又称"虎牢关"，因为周穆王曾在这里圈养猛虎用来进献而得名；

2. 因为这里地理位置险要，一直是历史上兵家必争之地，是古战场；

3. 在《三国演义》中在这里发生了著名的"三英战吕布"。

【词语】 汜 水 关

【注音】 Sìshuǐ Guān

【解释】 即虎牢关，在河南洛阳以东，作为洛阳东边门户和重要的关隘，因西周穆王在此牢虎而得名。

【听写提示】

1. 宋代著名书院，范仲淹、司马光等都曾在此讲学；

2. 这座书院最初是佛教寺庙，之后又做过道教道观；

3. 这座书院多次毁于战火，现在基本保持清代建筑布局。

【词语】 嵩 阳 书 院

【注音】 Sōngyáng Shūyuàn

【解释】位于今河南省登封市的古代书院。

【相关知识】1. 注意"嵩"的读音，容易误读成gāo。

2. 中国四大书院：中国四大书院的说法起源于宋朝，是哪四座书院有两种说法，一是今河南商丘的应天书院、今湖南长沙岳麓山的岳麓书院、嵩阳书院、今江西九江庐山的白鹿洞书院；另一种说法是应天书院、岳麓书院、位于今天湖南衡阳的石鼓书院、白鹿洞书院。书院的发展正是中国重视教育和教育规范化、系统化的体现。

【听写提示】

1. 人名，他著有《天工开物》，这本书是世界上第一部关于农业和手工业生产的综合性著作，被誉为"中国17世纪的工艺百科全书"；

2. 他是世界上第一个科学地论述锌和铜锌合金（黄铜）的科学家，在《天工开物》"五金"卷中有记载；

3. 江西省有他的纪念馆，是重要的科普基地和爱国主义教育基地。

【词语】 宋 应 星

【注音】Sòng Yīngxīng

【解释】中国明代科学家。

【听写提示】

1. 这种鱼既能作为观赏用，又能食用，价格昂贵；

2. 这种鱼雌雄同体，出生时为雌性，有一小部分会在成年后变成雄性；

3. 这种鱼天敌很少，自然死亡率低。

【词语】 苏 眉 鱼

【注音】sūméiyú

【解释】珊瑚鱼类，眼睛很小，位于头部的上侧位，两眼中间处隆起，眼睛后方有两道条纹，类似眉毛。

【听写提示】

1. 人名，在天文学上有重大贡献；

2. 他提出设计一种人能进入浑天象内部来观察的仪器，即假天，能更直观地理解星宿的昏晓出没和中天；

3. 他主持创制的水运仪象台是11世纪末中国杰出的天文仪器，在国际上也有很高的评价，是世界上最古老的天文钟。

【词语】 苏 颂

【注音】 Sū Sòng

【解释】 宋代科学家。

【听写提示】

1. 一种树，俗称铁树；

2. 这种树雌雄异株，雌花与雄花形状不同；

3. 这种树生长缓慢，对环境的温度和湿度要求很高，如果环境不合适很难开花。

【词语】 苏 铁

【注音】 sūtiě

【解释】 常绿乔木，观赏植物，喜欢温暖湿润的环境，不耐寒冷。

【相关知识】 铁树开花：常用来比喻事情非常罕见或极难实现。闻一多《一句话》：这话叫我今天怎么说？你不信铁树开花也可，那么有一句话你听着：等火山忍不住了缄默，不要发抖，伸舌头，顿脚，等到青天里一个霹雳爆一声："咱们的中国！"

【听写提示】

1. 一种石头，又称火石，可以用来取火；

2. 这种石头质地坚硬，断口锋利，因此中国石器时代的石制工具，大部分是这种石头制造的。

【词语】

【注音】 suìshí

【解释】 常见岩石，多为黑色或灰色。

【相关知识】 燧人氏被奉为"火祖"，相传他是最早取得火种的人，而他取得火种的方式中的一种就是敲击燧石。

【听写提示】

1. 中国兵家代表人物，原名不详，因受过膑刑（除去膝盖骨）得名；

2. 他有一部著作，是中国兵法名著；

3. 在长篇历史小说《东周列国志》中，他原名孙宾，与庞涓都是鬼谷子的弟子。

【词语】

【注音】 Sūn Bìn

【解释】 中国战国时期的军事家。著有《孙膑兵法》。

【相关知识】 田忌赛马：田忌经常与齐国诸公子赛马，拿出重金作为赌注。孙膑发现比赛的马可分为上、中、下三等，他建议田忌加大赌注，并且向他保证一定能够取胜。孙膑让田忌用下等马与齐威王的上等马比赛，第一场大败；随后孙膑又让田忌用上等马与齐威王的中等马比，中等马与齐威王的下等马比，结果田忌两胜一负，最终赢得齐威王的千金赌注。孙膑也因此名声大振，田忌将孙膑推荐给齐威王，齐威王向他请教兵法并让他担任自己的兵法教师。

这个故事揭示了：要着眼全局，舍弃局部，出奇制胜。孙膑在"田忌赛马"中所采用的方法，被看作是"策对论"的最早运用。

【听写提示】

1. 一种蕨类植物，是较古老的种类；

2. 它的茎干可高达六米以上，直径十厘米至二十厘米，上端有长三十厘米至五十厘米的叶柄；

3. 这种植物是蕨类植物中极少数的木本种类，有"蕨类植物之王"之称；

4. 它是新西兰国花；

5. 这种植物现存种类分布区域缩小，主要集中在热带和亚热带的山地，是中国国家一类保护植物。

【词语】

【注音】 suōluó

【解释】 珍稀植物物种，蕨类木本植物，茎高而直，呈柱状，叶片大。

【听写提示】

1. 一种树，原产自印度；

2. 它的树脂有香气，可以在宗教仪式中燃烧做香薰用；

3. 在佛教中这种树被视为圣树，据传释迦牟尼涅槃于其下。

【词语】 娑罗树

【注音】 suōluóshù
【解释】 常绿乔木，高可达五十米以上。

T

【听写提示】
1. 小型绿色植物；
2. 这种植物结构简单，仅有茎和叶；
3. 它喜欢潮湿，不耐干旱。

【词语】
【注音】 táixiǎn
【解释】 植物，无花，无种子，以孢子繁殖。

【听写提示】
1. 一种鱼，身体粗壮呈纺锤形，体背呈青色或深蓝色；
2. 这种鱼不进入淡水，喜欢温暖海水；
3. 这种鱼营养价值高，是一种深受广大人民群众喜爱的食用鱼。

【词语】
【注音】 táiyú
【解释】 海洋鱼类，游泳能力强，速度快，主要分布于太平洋西部中。

1. 这种花夜间开放，又叫"月下美人"；
2. 花朵开放后几个小时候就会枯萎；
3. 花朵有药用价值。

【词语】

【注音】tánhuā

【解释】仙人掌科植物，附生肉质灌木，世界各地区广泛栽培。

【相关知识】昙花一现：指事物出现时间很短就消失了。昙花一般夏季开花，花朵非常美丽，开花时间都在晚上，而且只能开放三四个小时。

【听写提示】

1. 一座寺庙，位于北京西部门头沟区东南部的潭柘山；
2. 它是北京最古老的寺庙，始建于西晋愍帝建兴四年，是佛教传入北京地区后修建最早的一座寺庙，距今已有一千七百多年历史；
3. 相传华严祖师建寺之初，在选地址的时候，只有一块毯子的地方，却通过他的神通建成了寺庙，因此当地人都称之为"毯遮寺"，后来"毯遮寺"就逐渐演变为"潭柘寺"。

【词语】

【注音】Tánzhè Sì

【解释】寺庙名。

【相关知识】潭柘寺中的帝王树：树木也有帝王将相之分，在中国著名的树有"五大夫松"，这棵松树位于泰山，传说是当年秦始皇上泰山的时候，曾在这棵树底下躲雨，秦始皇于是封这棵松树为"五大夫松"。还有北京北海公园内的"遮阴侯"，据传说是乾隆皇帝游北海的时候，在这棵树底下乘凉，因此封这棵树为"遮阴侯"。"五大夫松"也好，"遮阴侯"也罢，都没有潭柘寺里这棵帝王树的"等级"高。

帝王树是乾隆皇帝封的，它是潭柘寺中著名的古树，至今已经有一千多年的历史，高四十多米，直径四米多，要六七个人才能合抱。相传在清代每一位帝王登基的时候，这棵树都会从根部长出一根新的枝干来，然后渐渐与老树干合为一体。

清朝的末代皇帝溥仪也曾来过潭柘寺，当时他已经是一个普通人了，他指着帝王树旁边一根很细的干跟人开玩笑说："这根小树就是我，因为我不成材，所以它才长成歪脖树。"

【听写提示】
1. 一种树，木质坚硬，可以做成各种器具；
2. 这种树的木头有特殊香气，可以制香料，佛教燃烧用来祭祀众佛。

【词语】
【注音】 tánxiāng
【解释】 常绿乔木，花会变颜色，刚开始为黄色，后来会变成红色。

【听写提示】
1. 一种昆虫，前臂像大刀一样，因此有的地方又叫它刀螂；
2. 它是益虫，能吃掉很多害虫；
3. 有时候雌性为了哺育下一代，会吃掉雄性，补充营养。

【词语】

【注音】tángláng

【解释】体形较大的昆虫，身体多为绿色，头呈三角形，能灵活转动。

【相关知识】1. 螳螂捕蝉，黄雀在后：螳螂一心一意想要吃掉眼前的蝉，却想不到自己已经成了后边黄雀的猎物。讽刺了只顾眼前利益、不顾身后祸患，也比喻某些有心机的人，会深谋远虑。

2. 螳臂当车：螳螂想要用自己小小的臂膀去阻挡车的前进，比喻自不量力。

【听写提示】

一种风，从东边吹来。

【词语】

【注音】tāofēng

【解释】东风。

【听写提示】

1. 一座楼阁，位于江西省境内，是南昌市的标志性建筑之一；

2. 这座楼阁始建于唐朝，与湖北武汉黄鹤楼、湖南岳阳楼并称为"江南三大名楼"；

3. 它在历史上多次重建，多次被毁，可谓命途多舛；

4. 现在看到的这座楼阁的主阁落成于1989年10月8日，是1985年按照梁思成绘制的"草图"重建的。

【词语】

【注音】Téngwáng Gé

【解释】中国著名楼阁。

【相关知识】滕王阁因"初唐四杰"之首的王勃一篇《秋日登洪府滕王阁饯别序》（骈文名篇）而获得"西江第一楼"之誉，名贯古今，其中有名句"落霞与孤鹜齐飞，秋水共长天一色"。

【听写提示】
1. 中国民间传说中的一种蛇；
2. 这种蛇能飞。

【词语】

【注音】 téngshé

【解释】中国民间传说中的一种会飞的蛇，在古代文献上也有记载。

【相关知识】1. 《荀子·劝学》：螣蛇无足而飞，鼫鼠五技而穷。这句话的大意是，螣蛇虽然没有脚，但是它能飞，鼫鼠虽然有很多本领，但是跟螣蛇相比这些技能都不值一提。荀子是借用这两种动物来说明凡事只要专心致志地做，最终一定会取得成功的道理。

2. 曹操《龟虽寿》：神龟虽寿，犹有竟时。螣蛇乘雾，终为土灰。大意是，神龟虽然以长寿著称，但是也有寿终的那一天，螣蛇虽然能腾云驾雾，但是最终还是死后化为土灰。

【听写提示】
1. 一种鸟；
2. 它是捕鱼能手，它有很大的嘴，嘴下边有一个很大的皮囊，可以自由伸缩储存食物；
3. 它的尾部能分泌油脂，油脂涂抹在羽毛上具有防水的作用。

【词语】 鹈 鹕

【注音】tíhú

【解释】一种善于游泳和捕鱼的鸟，在全球温暖水域都有分布。

【相关知识】《庄子·外物》：鱼不畏网，而畏鹈鹕。这两句的大意是，鱼不害怕渔网，而害怕鹈鹕。足以见得鹈鹕捕鱼本领的高强。

【听写提示】

1. 一种常见绿色蔬菜，茎直立，淡绿色；
2. 它的嫩茎和叶子有特殊香气；
3. 它喜欢冷凉的气候，春季和秋季都可以种植。

【词语】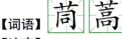

【注音】tónghāo

【解释】一年生或二年生草本植物。中国各地都有种植。

【听写提示】

1. 一种鸟，又叫美洲雕，体形很大，生性凶猛；
2. 它常在高大乔木上用树枝筑巢，里面还会铺上小树枝和动物的毛；
3. 它以哺乳动物的尸体为食，因此被称为"草原上的清洁工"。

【词语】

【注音】tūjiù

【解释】大型猛禽，身体长度可达一米，展开双翅可达两三米长。

【相关知识】1. 这个古埃及字母便是秃鹫。

2. 在西方文化中，人们不太喜欢秃鹫。

【听写提示】

1. 这是一个英国科学家的名字，他是计算机逻辑的奠基者；
2. 人们为纪念他在计算机领域的卓越贡献以他的名字设立了奖项；
3. 他还是世界级的长跑运动员。

【词语】

【注音】 Túlíng

【解释】 英国科学家。被誉为"计算机科学之父""人工智能之父"。

【听写提示】

1. 一条江，位于中国吉林省东南边境，上游是中国与朝鲜民主主义人民共和国的界河，下游为朝鲜民主主义人民共和国与俄罗斯联邦的界河；
2. 它发源于长白上，注入日本海，干流全长五百二十五千米。

【词语】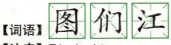

【注音】 Túmén Jiāng

【解释】 江名，本为满语，意思为"万水之源"。

【听写提示】

1. 一种鸡，也称火鸡，传说养这种鸡可以消除火灾；
2. 在美国，感恩节要吃火鸡。

【词语】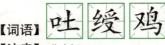

【注音】 tǔshòujī

【解释】 一种鸡，体形比家鸡大三四倍，喉下有肉垂，颜色由红到紫，雄鸡尾部翎毛可以呈扇形展开。

【听写提示】
1. 一种鸟，学名黄腹角雉，腹部羽毛呈皮黄色；
2. 它喜欢在隐蔽的地方活动，常在灌木丛中；
3. 它很少飞，擅于奔跑。

【词语】 吐 绶 鸟

【注音】tǔshòuniǎo
【解释】中国特产鸟类，栖息在全年温暖湿润的树林中。

【听写提示】
1. 一种植物，它攀附在其他植物上，吸取其他植物的营养；
2. 它的种子可以入药。

【词语】 菟 丝 子

【注音】túsīzǐ
【解释】一年生草本植物，茎呈丝状，寄生在其他植物上。

【听写提示】
一种鳄鱼，生活在扬子江中。

【词语】 鼍 龙

【注音】tuólóng
【解释】扬子鳄的别称。古书上指旱獭。

【听写提示】

1. 一种植物，又叫作萝摩；
2. 它的果实是纺锤形状的；
3. 它全株都有白色的乳液。

【词语】

【注音】 wánlán

【解释】 多年生藤本植物，全株均可入药。

【相关知识】《诗经·芄兰》：芄兰之支，童子佩觿（读音：xī）。这首诗写的是一个小孩穿着成人的衣服，戴着成人的饰品，外表的成熟却无法掩饰内心的幼稚。

【听写提示】

1. 水生植物，叶片很大，在地球水生植物中，它的叶片是最大的；
2. 它的叶片不仅大，而且负重能力强；
3. 它的种子含淀粉，可以食用，叫作水玉米。

【词语】 王莲

【注音】 wánglián

【解释】 睡莲的一种，喜高温高湿，不耐寒。

【听写提示】

人名，他是秦始皇兼并六国的大功臣，他率兵攻破赵国都城邯郸，消灭了燕、赵、楚国。

【词语】

【注音】 Wáng Jiǎn

【解释】 战国时期秦国的军事家。

【相关知识】 尺有所短，寸有所长：出自司马迁《史记·白起王翦列传》，司马迁评价王翦的时候说：王翦作为秦朝的一员大将，在平定六国的时候，立下了汗马功劳，是开国元老，连秦始皇都尊他为老师，但是这样的一个人，却不能辅佐秦始皇实行德政，只知道谄媚与迎合，实在是不应该啊。同时司马迁也指出了另一位大将白起的短处，从而引出他对他们二位各有短处的感慨。

【听写提示】

一种树，它结的果实叫木梨，可以作为水果食用，也可以作为药材入药。

【词语】

【注音】 wēn · po

【解释】 落叶灌木或小乔木，花小，白色。

【听写提示】

1. 一种植物，生长在水里；
2. 这种植物可以做饲料，也可以做肥料。

【词语】

【注音】wēncǎo

【解释】一种水草。

【相关知识】茅盾《水藻行》："哼！不过错过了今天，河里的蕰草没有我们的份了？"财喜暴躁地叫着就往屋后走。

【听写提示】

1. 一种动物，它叫鱼但并不是鱼；
2. 它的外形像小鱼，细长，半透明；
3. 它以浮游生物为食。

【词语】

【注音】wénchāngyú

【解释】脊索动物，珍稀海洋野生动物。在厦门文昌阁最早发现这种动物的群体，因此得名。

【听写提示】

1. 一种鸟，又叫百舌鸟；
2. 它是瑞典国鸟；
3. 在中国南方这种鸟被当作歌鸟来饲养。

【词语】

【注音】wūdōng

【解释】鸟类，雄鸟全身羽毛为黑色，只有眼睛周围一圈和嘴是黄色的。

【相关知识】唐·王维《听百舌鸟》：入春解作千般语，拂曙能先百鸟啼。这两句诗写出了百舌鸟的一种生活习性，春天的时候它能先于百鸟最先感受到春天的气息而鸣叫。因为叫声好听，在中国古代很长一段时间里，乌鸫像八哥一样被人们放在笼子里饲养。

【听写提示】
1. 一种树，有经济价值，是中国南方重要的工业油料树种；
2. 这种树有药用价值，树根、树皮以及树叶均可入药；
3. 它还有园艺价值，可做观赏树。

【词语】
【注音】wūjiù
【解释】乔木，高可达十五米，各部均无毛，有乳状汁液。

【听写提示】
1. 中国常见食用鱼，它性情凶猛，以鱼类为食；
2. 这种鱼离开水也能活几天。

【词语】
【注音】wūlǐ
【解释】鱼类，有黑色鳞，有斑纹。

【听写提示】
1. 中国与俄罗斯的界河，黑龙江的支流；
2. 这里一万年前就有人类活动，在沿岸发现了多处新石器时代遗址；
3. 江里主要特产为大马哈鱼，是名贵鱼类。

【词语】

【注音】Wūsūlǐ Jiāng

【解释】江名。

【听写提示】

1. 一种蔬菜，这种蔬菜含有丰富维生素；
2. 中国南方冬季主要蔬菜之一。

【词语】乌塌菜

【注音】wūtācài

【解释】二年生草本植物，常见蔬菜，原产地为中国，南京、上海一带种植最多。

【听写提示】

1. 一种动物，又叫鱿鱼、花枝、墨鱼、墨斗鱼；
2. 在遇到危险时，它能分泌黑色液体，像墨水一样，然后它借机逃走；
3. 它能跳出水面，在水面飞行；
4. 它有腕足，腕足有吸附能力。

【词语】乌贼

【注音】wūzéi

【解释】软体动物，有一对大眼睛，口的周围有十只腕足。

【听写提示】

1. 在潮湿的地方常见的一种动物，它有很多脚；

2. 这种动物具有药用价值。

【词语】

【注音】wúgōng

【解释】陆生多足节肢动物。

【听写提示】

1. 一种树；

2. 这种树木质轻软，可以用来制作乐器；

3. 它的种子炒熟之后可以直接食用或者榨油；

4. 它的木材刨成片状泡在水中可浸出黏液，称刨花，曾经用来滋润头发。

【词语】

【注音】wútóng

【解释】落叶乔木，高大，树皮绿色。

【相关知识】梧桐与凤凰：梧桐是中国有诗文记载的最早的著名树种之一，对这种树的描绘，最早可见于先秦文献《诗经》，《诗经·大雅·卷阿》有"凤凰鸣矣，于彼高冈；梧桐生矣，于彼朝阳"，大意就是梧桐高大挺拔，百鸟之王的凤凰就喜欢栖息在梧桐上，所以现在有俗语"栽下梧桐树，自由凤凰来"。

【听写提示】

1. 一种鱼，身体侧扁，略呈菱形，头小颈短；

2. 这种鱼营养丰富，可食用；

3. 是食草性鱼类。

【词语】

【注音】wǔchāngyú

【解释】淡水鱼类，喜欢生活在静水中，分布于长江中游及下游的湖泊中。

【相关知识】唐·岑参《送费子归武昌》：秋来倍忆武昌鱼，梦著只在巴陵道。这两句诗的大意是，一到秋天就更加想武昌鱼，梦里都在巴陵道。

毛泽东《水调歌头·游泳》：才饮长沙水，又食武昌鱼。这两句诗的大意是，刚喝了长江的水，又吃到武昌鱼。

【听写提示】
1. 指一个地方，位于湖南省；
2. 这里山峰和水特别多，有"奇峰三千，秀水八百"的说法。

【词语】

【注音】Wǔlíng Yuán

【解释】湖南省的一个地方，现在是著名风景区。

【相关知识】唐·王维：居人共住武陵源，还从物外起田园。大意是，大家一起住在武陵源，建立了一片田园。

【听写提示】
1. 一种草，主要生长在中国东北地区；
2. 这种草的茎和叶可以垫在鞋里保暖。

【词语】乌 拉 草

【注音】wù·lacǎo

【解释】多年生草本植物。

【相关知识】东北四宝：关于"东北四宝"有两种说法，一种是人参、貂皮、鹿茸、乌拉草，一种是人参、貂皮、雪蛤、鹿茸角。

【听写提示】

1. 一种在冬天出现的自然现象，俗称树挂；

2. 它是在严冬季节，空气中的水汽遇到冷的树枝凝华形成的白色结晶；

3. 观赏这种自然现象最著名的地方是中国东北吉林省的吉林市，吉林市依松花江而建，满足了雾凇形成的两个条件：气温低、水汽重。

【词语】雾 凇

【注音】wùsōng

【解释】冬天由于水汽在树枝上凝华形成的自然现象。

【相关知识】1. 宋·吕忱《字林》：寒气结冰如珠见日光乃消，齐鲁谓之雾凇。这是中国有文献记载最早的出现"雾凇"一词，这句话的大意是，寒气结了像珍珠一样的冰球，太阳一出来就融化不见了，齐鲁管这种东西叫雾凇。

2. 明·张岱《湖心亭看雪》：雾凇沆砀，天与云与山与水，上下一白。这句话的大意是，雾凇出现的时候，天与云和水都是白色的，仿佛是一体的。

【听写提示】

1. 地名，位于江西省，这里以油菜花著名，每年油菜花开的季节都会迎来大批游客；

2. 这里也是中国古建筑保存最多、最完好的古镇之一。

【词语】 婺 源

【注音】 Wùyuán

【解释】 江西省的一个县城。

X

【听写提示】

1. 一种植物，它的果实又叫百香果、鸡蛋果；
2. 果实适合加工成果汁，有"果汁之王"的美誉；
3. 在欧洲这种植物是颇负盛名的草药。

【词语】 西 番 莲

【注音】 xīfānlián

【解释】 草本植物，花有很多种颜色，全草可入药。

【听写提示】

1. 陆生动物中体形最大、最强壮的物种之一；
2. 在中国境内已没有野生物种；
3. 它的角是名贵药材和高级工艺品原料，该动物也因此被大量捕杀，应禁止使用。

【词语】 犀 牛

【注音】xīniú

【解释】哺乳动物，体形仅次于大象，鼻子上生有一个或两个角，皮粗而厚，微黑色，无毛，吃植物。

【听写提示】

1. 这种动物身体像蛇，有四肢，俗称大四脚蛇；

2. 这种动物能够根据周围环境变换肤色，因此又叫变色龙；

3. 这种动物遇到袭击尾巴可以自行断掉，能够迷惑敌人，借机逃生。

【词语】

【注音】xīyì

【解释】爬行动物，身体表面有细小鳞片。

【听写提示】

1. 一种鹿，体形很小，和家兔差不多；

2. 这种鹿没有角；

3. 雄性有獠牙，也是它的武器。

【词语】

【注音】xīlù

【解释】是仅次于蹄兔目成员最小的有蹄类动物，也是鼷鹿科种体形最小的一种。两性均无角，雌性獠牙短而不露，雄性獠牙发达露于唇外。

【听写提示】

1. 一种龟，又叫红海龟、赤海龟；

2. 这种龟的背部是红色的。

【词语】 蠵 龟

【注音】 xīguī

【解释】 海龟的一种，分布于大西洋、太平洋和印度洋内温水海域。

【听写提示】

1. 一种鸟，在民间传说中，这种鸟会报喜，因此得名；
2. 它擅长筑巢，因此筑好的巢会被其他的鸟占据。

【词语】 喜 鹊

【注音】 xǐquè

【解释】 鸟，身体大部分为黑色，肩和腹部为白色。

【相关知识】 1. 鸠占鹊巢：这里的鸠指的是布谷鸟，喜鹊擅长筑巢，而布谷鸟不会筑巢，所以布谷鸟经常把喜鹊辛苦筑好的巢据为己有。这个成语指强占别人的屋子或位置。

2. 鹊桥：每年的农历七月初七是中国传统的七夕节，传说这一天牛郎和织女会相会，喜鹊会给他们俩搭一座桥，帮助他们相会。后来就用鹊桥指能够连结男女之间良缘的各种事物。

【听写提示】

1. 一种昆虫，有一个亚成虫期，等蜕一次皮后，才变为有翅成虫期；
2. 它是昆虫家族唯一有两个有翅成虫期的昆虫；
3. 这种昆虫寿命很短。

【词语】 细 裳 蜉

【注音】xìchángfú

【解释】一种昆虫。

【相关知识】朝生暮死：细裳蜉成虫后不进食，在空中不断飞翔，寿命极短，一般一两个小时，多则几天，所以说细裳蜉朝生暮死，也用这个词形容事物生命短暂。

【听写提示】

1. 一种湖泊；

2. 这种湖形成的原因有的是因为和海水相连的出口被堵住，后来渐渐变成淡水湖；

3. 有的是这种湖入海口布满珊瑚礁，表面上与大海隔开，实际上仍与大海相连。

【词语】 潟湖

【注音】xìhú

【解释】海湾的入海口被挡住后形成的湖泊。

【听写提示】

1. 一种植物，早春开花，它的花形状很特别，花蕊朝下，花瓣向上反卷；

2. 它的球茎略扁；

3. 它的叶子浓绿色，心形，边缘有锯齿。

【词语】 仙 客 来

【注音】xiānkèlái

【解释】多年生草本植物，原产希腊和叙利亚，中国一般在室内种植。

【听写提示】

一种蔬菜，这种菜经过发酵形成的汁水可以用来做臭豆腐。

【词语】

【注音】 xiàncài

【解释】 一年生草本植物，叶子椭圆形，有长柄，暗紫色或绿色，花绿白色，种子黑色。

【听写提示】

1. 一种树，树的枝叶有香气；
2. 嫩芽可以食用，被称作"树上的蔬菜"。

【词语】

【注音】 xiāngchūn

【解释】 落叶乔木，羽状复叶，花白色，蒴果椭圆形。

【听写提示】

1. 一种树，果实为坚果，可以食用；
2. 这种树几年结的果子往往可以同时挂在树上，民间俗称三代果；
3. 在东南亚国家，这种树的木材用来做棋盘，也可做建筑材料。

【词语】 香榧

【注音】 xiāngfěi

【解释】 常绿乔木，原产地为中国，高可达二十余米。

【听写提示】

一种草，可以用来编织、造纸。

【词语】

【注音】 xiāngpú

【解释】 多年生草本植物，生在河滩上。

【听写提示】

1. 又名斑竹、泪竹；

2. 传说舜帝南巡时，葬身九嶷山，他的两位妃子娥皇和女英前来寻找，因思念丈夫流下的泪水溅到竹子上，形成一个个斑点。

【词语】

【注音】 xiāngfēizhú

【解释】 观赏竹，竹竿分布有褐色云状斑点，也可制竹器。

【相关知识】　　　　　　**斑竹筒簟**

唐·杜牧

血染斑斑成锦纹，昔年遗恨至今存。

分明知是湘妃泣，何忍将身卧泪痕。

这首诗的大意是，血染的痕迹成了锦纹，以前的恨现在还存在，明明就知道是湘妃哭泣的眼泪，怎么忍心卧在这泪痕上呢？

【听写提示】

1. 一种树，干皮能产出丰富的乳浆，是重要工业原料；

2. 这种树春季开花，花为绿色；

3. 它原产于巴西，在中国的福建、广东、广西等地有种植。

【词语】

【注音】xiàngjiāoshù

【解释】常绿乔木，高达二十米至三十米。喜暖热气候和温润肥沃土壤，在亚热带地区广泛种植。

【听写提示】

1. 湖北省的一个城市，中国历史文化名城，共有六个项目被国务院列入国家级非物质文化遗产名录；

2. 这里是"中国书法名城"，有多位书法家都出自这里；

3. 中国诗歌史上有大量吟诵这里山水之胜和美丽传说的诗歌。

【词语】

【注音】Xiāngyáng

【解释】城市名，原名襄樊，后改名襄阳。著名书法家米芾就被称为"米襄阳"。

【听写提示】

一种测量仪器，在长竹竿上挂彩色旌旗，旌旗下方垂有小铃铛来测量风向。

【词语】

【注音】xiàngfēngjīng

【解释】中国古代一种测量风向的仪器。

【听写提示】

1. 大型深海鲨鱼，又名格陵兰鲨、大西洋睡鲨、灰鲨；

2. 它行动十分缓慢；

3. 它以鱼、海豹等为食，有时会吃同类。

【词语】 小头睡鲨

【注音】 xiǎotóu shuìshā

【解释】 鲨鱼的一种，生活在格陵兰岛和冰岛周围的北大西洋海域，牙齿小，鼻孔大。

【听写提示】

1. 一种植物，花多白色或粉红色；
2. 这种植物会产生强烈的气味，在16世纪的欧洲曾被制成香料；
3. 这种植物很耐寒；
4. 在阿加莎·克里斯蒂的《啤酒谋杀案》中提到了它对猫的作用，在《东方快车谋杀案》中它作为镇静剂出现。

【词语】 缬草

【注音】 xiécǎo

【解释】 多年生草本植物，根状茎和根可入药。原产欧洲、亚洲和美洲。

【听写提示】

1. 一种水草，可以净化水质，在南方水域常见；
2. 又叫水荷叶，因为它的叶子形状与睡莲相似。

【词语】 荇菜

【注音】 xìngcài

【解释】 多年生草本植物，嫩茎叶可以吃，全草入药，又写作荠菜。

【相关知识】徐志摩《再别康桥》：软泥上的青荇，油油的在水底招摇；在康河的柔波里，我甘心做一条水草！

【听写提示】

1. 人名，明朝末期探险家、旅行家、地理学家和文学家，他著有日记体地理学著作，是他游历中国山水详细的记录，也因此被称为"千古奇人"；

2. 他对地理、水文、地质、植物等现象，均作了详细记录，在地理学和文学上有重要的价值。

【词语】

【注音】Xú Xiákè

【解释】明代地理学家。著有《徐霞客游记》。

【听写提示】

1. 又叫忘忧草；

2. 在中国古代这种草是"母爱"的象征；

3. 黄花菜是这种草的一种，花可以吃。

【词语】

【注音】xuāncǎo

【解释】多年生草本植物，种类很多，花有多种颜色，可供观赏，花蕾可以吃，根可入药。

【相关知识】

游子诗

唐·孟郊

萱草生堂阶，游子行天涯。

慈母倚堂门，不见萱草花。

这首诗的大意是，萱草生长在母亲的屋前，儿子已经远行了，母亲倚在堂前，朝朝暮暮盼望着儿子的归来。

【听写提示】
　这个湖原名北湖，中国古代皇家园林湖泊，现位于南京市内。

【词语】 玄 武 湖

【注音】 Xuánwǔ Hú

【解释】 位于南京市内的湖泊。

【相关知识】

咏　史

唐·李商隐

北湖南埭水漫漫，一片降旗百尺竿。

三百年间同晓梦，钟山何处有龙盘？

　北湖即是玄武湖，南埭是玄武湖上的水闸，作为六朝古都的南京，玄武湖曾经是水军操练的场所，也是帝王游历的地方，现在呢，军队和帝王都已不见了，只剩下玄武湖的水浩浩荡荡。一片降旗，指的是东吴孙皓归顺晋朝的典故，第二句大意就是各个王朝最后都逃不过覆灭的命运。总结这六朝三百年的命运好像是清晨残留的梦境，哪还有什么钟山龙盘。钟山即紫金山，传说诸葛亮曾评价金陵的山水：钟山龙蟠，石城虎踞，帝王之宅也。石头城是南京的别称，这句话大意就是这是一块风水宝地。

【听写提示】
　1. 四季中的一个季节，序是季节的意思；

　2. 玄指的是黑色，中国古代黑色是这个季节的代表颜色，跟现代正好相反。

【词语】 玄 序

【注音】 xuánxù

【解释】中国古代指冬天。

【听写提示】

1. 这种鱼喜欢生活在冷水的底部，以其他鱼类为食；

2. 这种鱼的体内含有一种物质，这种物质的功能跟汽车防冻液相似，因此这种鱼是世界上最不怕冷的鱼；

3. 它是常见食用鱼类，因此也被大规模捕杀。

【词语】

【注音】 xuěyú

【解释】 一种鱼，主要生活在太平洋和大西洋北部寒冷的海水里。

【听写提示】

一种风，这种风很暖和。

【词语】

【注音】 xūnfēng

【解释】 夏天的风，是南风。

【相关知识】《警世通言·王安石三难苏学士》：一年四季，风各有名：春天为和风，夏天为熏风，秋天为金风，冬天为朔风。

【听写提示】

1. 一种古老的鱼类；

2. 它是世界上体形最大的淡水鱼。

【词语】 鲟 鱼

【注音】xúnyú

【解释】一种大型淡水鱼类。

【相关知识】中华鲟：它是生活在中国境内的鲟鱼种类，中国国家一级保护动物，被誉为"水中国宝"。

Y

【听写提示】

1. 一种动物，只生活在大洋洲的澳大利亚；
2. 它擅长游泳，栖息在河流湖泊边的洞穴里；
3. 它曾作为2000年澳大利亚悉尼夏季奥运会吉祥物之一。

【词语】

【注音】yāzuǐshòu

【解释】哺乳动物，嘴像鸭嘴，身体有深褐色的细毛，尾巴短。

【听写提示】

1. 这条江是金沙江最大的支流；
2. 它在四川攀枝花进入金沙江；
3. 它是典型的高山峡谷型河流。

【词语】

【注音】Yǎlóng Jiāng

【解释】位于四川省西部的金沙江支流。

【听写提示】

1. 一种鱼，色彩鲜艳，因此得名；

2. 这种鱼的背鳍形状特殊，像帆一样，因此人们又称这种鱼为"一帆风顺"；

3. 这种鱼的幼鱼身体呈黄褐色或暗褐色，只有成鱼才会显现出红色。

【词语】胭　脂　鱼

【注音】yān·zhiyú

【解释】一种鱼，在中国分布于长江和闽江中上游。

【听写提示】

从东北方向吹来的风，又叫融风。

【词语】炎　风

【注音】yánfēng

【解释】东北风。

【听写提示】

1. 这种鼠生活在地下，擅于挖土；

2. 它的嗅觉十分灵敏；

3. 它以昆虫和蚯蚓为食，有时也吃农作物的根；

4. 网络游戏和动画片《摩尔庄园》里的人物造型即以这种鼠为原型；

5. 有一部动画片《鼹鼠的故事》以一只黑色小鼹鼠为主人公。

【词语】

【注音】yǎnshǔ

【解释】哺乳动物，外形与老鼠相似，昼伏夜出。

【相关知识】注意"鼹"的读音为yǎn，容易读成yàn。

【听写提示】

1. 一块巨大的石头的名字，又称燕窝石，位于白帝城下瞿塘峡口；
2. 由于它阻碍了航运，在1958年被炸掉；
3. 现在这块巨石存放在重庆的三峡博物馆中。

【词语】滟滪堆

【注音】yànyùduī

【解释】长江中的一块巨石。

【相关知识】唐滟滪堆的传说：要说滟滪堆的传说，还真跟一段"艳遇"有关。

相传上古时代有一条夔龙，它做了很多坏事，后来女娲拿出了五彩石，将夔龙镇压在了水中。大禹治水的时候，路过这里，防止夔龙再次兴风作怪，他请神女制作了锁链，锁住了夔龙。

这时水边有一个青年船夫，他在一次打鱼的时候，潜到了水底，竟然在水底的大石头边看见一个美丽的女子，女子向船夫哭诉，她说自己本来是官员家的小姐，路过这里的时候被夔龙抓住了，夔龙硬要娶她为妻，唯一能够救她的办法就是找一个人先娶她。女子说看船夫眉清目秀一副忠厚老实的样子，希望能够嫁给他，这样就能摆脱夔龙了。船夫说娶她虽然可以，但是需要回家向父母说明一下，船夫临走的时候，女子让他顺便打听一下大禹的消息。

船夫回到了岸上，没有想到他在水底虽然只度过了短短一日，回到人间却过去了几十年，家中的父母早已经去世了。船夫在水底的"艳遇"也一传十，十传百地传开了，传到当地一个有些法术的人那里，他告诉船夫那个女子一定是夔龙变的，并教授了他让夔龙现出原形的办法。

船夫再次回到水底找到了那个女子，并告诉他大禹现在身体很好，仍在积极治理水患，降服了很多水妖。女子一听立马害怕起来，船夫使用了学来的法术，使夔龙现出了原形，船夫用宝剑刺向她，魁妖最终化作了石头。

【听写提示】

1. 一种动物，它生活在扬子江，扬子江为长江下游的旧称，这种动物因此得名；

2. 它是鳄鱼中体形较小的一个品种；

3. 它是古老的爬行动物，有"活化石"之称；

4. 它是中国国家一级保护动物。

【词语】

【注音】 yángzǐ'è

【解释】 爬行动物，中国特有动物。

【听写提示】

1. 发生在太阳大气层中的剧烈活动；

2. 它每次发生的时间从几分钟到几小时，甚至持续十几小时；

3. 活动时会释放巨大的能量，也会对载人宇宙航行产生一定危害。

【词语】 耀 斑

【注音】yàobān
【解释】一种剧烈的太阳活动，发生时太阳大气局部地区亮度突然增加。

【听写提示】
  1. 寄生植物，它没有叶子，无法进行光合作用来获得养分；
  2. 因为它的花的形状如烟斗，又被称为番仔烟斗，也有人称之为金锁匙、茶匙草。

【词语】野菰
【注意】yěgū
【解释】一年生寄生草本植物，高约十五厘米，体内无叶绿素。生于林下草地或其他较为阴冷潮湿的地方。

【听写提示】
  1. 一种动物，濒危物种，中国一级保护动物；
  2. 这种动物会遗弃受伤的幼崽，因此被评为"最差妈妈"。

【词语】叶猴
【注音】yèhóu
【解释】灵长类动物，发源于欧洲。

【听写提示】
  1. 一种弹药，尾部装有能发光的化学药剂，因此得名；
  2. 它发射后能发出彩色的光，可以用来指示弹道和目标。

【词语】曳光弹

【注音】 yèguāngdàn
【解释】 一种能发光的炮弹或枪弹。

【听写提示】
　1. 一条河，发源于新疆天山西段；
　2. 该河流域在秦朝的时候为边塞游牧地点。

【词语】

【注音】 Yīlí Hé
【解释】 亚洲中部内陆河，跨越中国和哈萨克斯坦，在中国境内流经新疆。

【听写提示】
　1. 一种动物，生长在浅海海底岩石上，有壳，又叫壳（qiào）菜；
　2. 它的壳略呈长三角形，黑褐色；
　3. 它的肉可以食用，味道鲜美。

【词语】 贻贝

【注音】 yíbèi
【解释】 双壳纲贻贝科。中国主要有两个品种，紫贻贝主要分布于黄海和渤海，厚壳贻贝分布于浙江和福建沿海。

【听写提示】
　1. 这里是中国抗日战争和解放战争时期最重要的革命根据地；
　2. 革命战争期间这里涌现出一大批英雄人物，如"沂蒙母亲""沂蒙六姐妹"等；

3. 这里古称琅琊，在历史上这一带也是人才辈出，有书圣王羲之、算圣刘洪、一代名相王导、一代名相匡衡、一代名将蒙恬、一代名将羊祜、名将左宝贵、王献之、著名书法家颜真卿、著名教育家——《颜氏家训》作者颜之推、孝圣王祥、宗圣曾子、著名文学评论家——《文心雕龙》作者刘勰、何承天、鲍照等。

【词语】

【注音】 Yíméng Shān

【解释】 山名。

【听写提示】

一种植物，果实去皮后叫作薏米，是中国传统食物，可以做饭，也具有药用价值。

【词语】

【注音】 yìyǐ

【解释】 草本植物，茎直立，颖果卵形，灰白色。

【相关知识】 薏苡明珠：比喻被人污蔑，蒙受冤屈。汉朝的马援在边疆打仗的时候，因南方的瘴气使众多官兵都生了病，后来他们吃薏米才免除了受瘴气之苦，马援认为薏米是好东西，于是班师回朝的时候，就带了很多薏米回京师，但是被奸人陷害，说他在南方搜刮民财，带回来的是宝珠。

白居易的《得微之到官后书备知通州之事怅然有感因成四》中的"薏苡谗忧马伏波"，说的就是这个故事。

【听写提示】

1. 一种草，嫩叶可以做饲料；
2. 它的秆可以用来编织或者造纸；

3. 它具有生态价值，有利于水土保持。

【词语】 翳草

【注音】 yìcǎo

【解释】 多年生草本植物，条形叶子。

【听写提示】

1. 一种树，因其种仁外皮是白色的，又叫白果树；
2. 它的种仁可以食用，但是吃多了容易中毒；
3. 它的叶子形状像折扇；
4. 这种树生长很慢，寿命长，可以达到上千年。

【词语】 银杏

【注音】 yínxìng

【解释】 落叶乔木，高大，高可达四十米。中国特有树种，国家一级保护植物。

【听写提示】

1. 一种植物，又叫野葡萄、山葡萄；
2. 它的果实可以用来酿酒。

【词语】 蘡薁

【注音】 yīngyù

【解释】 落叶藤本植物，叶子与葡萄叶子相似，果实黑紫色，茎、叶可入药。

【听写提示】

1. 一种鸟，羽毛艳丽，擅于模仿人说话；
2. 它的脚趾形状适合抓握、攀爬；
3. 它常被作为宠物饲养。

【词语】 鹦 鹉

【注音】 yīngwǔ

【解释】 食果鸟类，种类繁多，主要分布于热带和亚热带的森林中。

【相关知识】 鹦鹉学舌：鹦鹉能够学人类说话，这种本领与鹦鹉特殊的生理构造有关，它有着特殊的鸣管和舌头，鹦鹉的这两个器官较其他鸟类发达，使得鹦鹉能够分音节发出声音，所以当听到人类重复说某个词或某一句话的时候，在鹦鹉那里能够形成条件反射，它的发音器官也使得它能够说出来。

因为鹦鹉说出来的"话"不过是别人说过的，所以常常用鹦鹉学舌来比喻没有自己的见解，别人怎么说就跟着怎么说。

【听写提示】

1. 一种星，即火星；
2. 它呈红色，像是有荧荧闪动的火光；
3. 它在空中运行轨迹复杂，无规律，像是在迷惑世人。

【词语】 荧 惑

【注音】 yínghuò

【解释】 中国古代对火星的称呼。

【听写提示】

1. 一座寺院，位于北京市内，是全国重点寺院；

2. 它始建于清康熙三十三年（1694年），开始时作为王府，后改为行宫，这里出了雍正和乾隆两位皇帝；

3. 它是中国第一批重点文物保护单位。

【词语】 雍和宫

【注音】 Yōnghé Gōng

【解释】 佛教寺院。清朝时曾作为行宫

【听写提示】

1. 一种鱼，又叫胖头鱼，因为它的头部大而宽；

2. 它是中国常见的食用鱼；

3. 它生活在淡水里，在中国有大量人工养殖。

【词语】 鳙鱼

【注音】 yōngyú

【解释】 鱼，身体侧扁，头部宽大，嘴大，背部暗黑色，腹部灰白。

【听写提示】

1. 一种树林，一种是一般用材林，木材主要用来做家具等；

2. 一种是专用材林，木材有专门用途，如造纸等；

3. 这种林子主要分布在深山里。

【词语】 用材林

【注音】 yòngcáilín

【解释】 培育树木用来生产具有某种用途的木材。

【听写提示】

1. 中国特有树种，主要产于中国的湖南、江西、福建等地；

2. 它的种子可以榨油，既可以食用，又具有药用价值，还可用于工业；

3. 它的木材是制作弹弓和陀螺等的最佳原料。

【词语】 油 茶

【注音】 yóuchá

【解释】 常绿灌木或小乔木，开白色花，果实圆形。

【听写提示】

1. 中国特有树种，在中国有悠久的栽培历史；

2. 它的花、叶和根都有药用价值；

3. 它的种子可榨油，可以制涂料等，是重要的工业用油。

【词语】   油 桐

【注音】 yóutóng

【解释】 落叶乔木，树皮光滑，球形果实。

【听写提示】

一种自然现象，出现在天空的云层下面。

【词语】   雨 幡

【注音】 yǔfān

【解释】 出现在云层下面的垂悬物，呈丝缕状。

【听写提示】

1. 这种花有个很美的别名——爱丽丝；
2. 这种花颜色艳丽，具有观赏价值；
3. 这种花可以作为制作香水的原料；
4. 这种花花语为优雅。

【词语】

【注音】 yuānwěihuā

【解释】 多年生草本植物，约有三百种，大多数供庭院观赏用，少数可入药。

【听写提示】

1. 一座楼，位于湖南省；
2. "江南三大名楼"之一，另外两个是湖北武汉黄鹤楼、江西南昌滕王阁；
3. 登楼可以一览洞庭湖的湖光山色，因此有许多文人曾在这里赋诗。

【词语】 岳 阳 楼

【注音】 Yuèyáng Lóu

【解释】 中国历史名楼。它闻名天下是在范仲淹作《岳阳楼记》之后。

【相关知识】 宋·范仲淹《岳阳楼记》（节选）：予观夫巴陵胜状，在洞庭一湖。衔远山，吞长江，浩浩汤汤，横无际涯；朝晖夕阴，气象万千。此则岳阳楼之大观也，前人之述备矣。这段的大意是我看那巴陵郡的美丽的景色都集中在这洞庭湖上。洞庭湖连接着远处的群山，吞吐长江的江水，水波浩荡，宽阔无边。在一天中时阴时晴，景象千变万化。这就是岳阳楼的雄伟景象。前人对它的描述已经很详尽了。

其必曰"先天下之忧而忧，后天下之乐而乐"乎？噫！微斯人，吾谁与归？在天下人担忧之前先担忧，在天下人享乐之后才享乐。比喻吃苦在先，享受在后。

【听写提示】

1. 中国古代著名的四大书院之一；
2. 这座书院创建并兴盛在北宋，曾多次毁于战火；
3. 它是中国国家重点文物保护单位，现为湖南大学的一部分。

【词语】岳麓书院

【注音】Yuèlù Shūyuàn

【解释】位于今湖南省长沙市的古代书院。

【听写提示】

1. 一种动物，又叫猫豹；
3. 这种动物身上有云朵状的斑纹；
4. 它经常在树上休息；
5. 它以鸟类、兔等小动物为食；
6. 它是中国国家一级保护动物。

【词语】云豹

【注音】yúnbào

【解释】豹的一种，主要分布于亚洲的东南部。

【听写提示】

1. 一种来自外太空的石块；

2. 在通过地球大气层时，由于这种石块和大气层产生摩擦，因此从形状上看一般无棱角；

3. 中国是最早认识和记载这种石块的国家。

陨石

【词语】陨石

【注音】yǔnshí

【解释】宇宙中的流星或其一部分，在进入地球大气层后，未被烧尽的部分。

【相关知识】1. 根据陨石的成分可分为石陨石、铁陨石和石铁陨石。

2. 世界上最重的陨石是纳米比亚霍巴陨石，重约六十吨，从外形上看是扁平的，这颗陨石来是在 1920 年被一名农夫发现，被发现后就一直在原地，现在腐蚀较为严重。

【听写提示】

1. 千年古县，位于山东省；

2. 这里是水浒故事的发源地，素有"梁山一百单八将，七十二名在郓城"的说法；

3. 山东戏曲界有句俗话"无郓不成戏"，有"书山戏海，筝琴之乡"之称。

郓城

【词语】郓城

【注音】Yùnchéng

【解释】山东省的一个城市。

Z

【听写提示】

1. 一种犬，体形大，颈毛丰厚使头部轮廓与颈部融为一体；

2. 这种犬是世界公认最古老、最稀有的犬种之一；

3. 这种犬勇猛擅斗，是天生的守护犬，被人类饲养用来保护牲口。

【词语】藏獒

【注音】zàng'áo

【解释】大型犬，产自中国青藏高原，耐严寒。

【听写提示】

1. 一种树，果实呈新月形，褐棕色或红褐色；

2. 它的果实在中国古代是重要的洗涤剂，用来洗澡、洗衣服，在现代也是医药食品、保健品、化妆品及洗涤用品的天然原料。

【词语】皂荚

【注音】zàojiá

【解释】豆科落叶乔木，又名皂角。生于山坡林中或谷地，常栽培于庭院或路旁。

【听写提示】

1. 一种水草，水有多深，它就能长多长；

2. 在有这种草的地方游泳，容易被它缠住而产生危险；

3. 这种草可以打捞上来用作猪饲料。

【词语】苲草

【注音】zhǎcǎo

【解释】金鱼藻类的水生植物。

【听写提示】

1. 一种昆虫，即我们通常所说的知了；

2. 在中国很多地方都有食用这种昆虫的习俗，在山东尤为盛行；

3. 这种昆虫退下的壳有药用价值。

【词语】蚱蝉

【注音】zhàchán

【解释】蝉科昆虫的代表，成虫黑色，有光泽，又称黑蝉，是体形最大的一种蝉。

【听写提示】

一条河流，位于浙江省湖州市，它与苕溪是湖州的主要河流。

【词语】霅溪

【注音】Zhàxī

【解释】浙江省湖州市内的一条河流。

【相关知识】1. "霅"是形容水流激越的声音。

2. 霅川之变：霅川是湖州的别称，南宋宋宁宗没有子嗣，于是他立他的侄子赵竑为太子，宋宁宗驾崩后，大臣从民间寻找到了宋宁宗的儿子，于是赵竑被废并贬到了湖州，当时湖州的一些人发动了政变拥立赵竑为帝，但是很快就被镇压了。

【听写提示】

1. 这是一个军事家的名字，他协助刘秀建立东汉政权，封颍阳侯；

2. 他执法如山，据传即使是刘秀的家奴犯了法，他也毫不留情。

【词语】

【注音】Zhài Zūn

【解释】东汉军事家。

【相关知识】1. 《后汉书》中对祭遵的评价是：清名闻于海内，廉白著于当世。意思是他的清正廉明在当时显著于世，并且闻名海内外。

2. 克己奉公：出自《后汉书·祭遵传》：遵为人廉约小心，克己奉公，赏赐辄尽与士卒，家无私财。大意是，祭遵为人清廉节约，他得到赏赐，都分给部下，家里没有多余的钱财。后用这个成语比喻一个人对自己要求严格，一心为公。

【听写提示】

1. 一个镇子，位于北京；

2. 这里古称灵桂川，唐代在这里供僧侣吃斋，因此得名；

3. 这里古代为战略要地，是京西重镇。

【词语】

【注音】Zhāitáng

【解释】北京市门头沟的一个镇。

【听写提示】

1. 人名，他发明中国第一个地震仪——候风地动仪；

2. 在中国是他首次正确解释了月食的成因；

3. 通过观测和记录，他绘制了中国第一幅比较完备的星图。

【词语】 张 衡

【注音】Zhāng Héng

【解释】东汉科学家、文学家。

【听写提示】

1. 中国历史文化名城，位于甘肃省；

2. 它是古丝绸之路上的重镇；

3. 这里有大面积的湿地，有"塞上江南"的美誉，被描述成"一湖山光，半城塔影，苇溪连片，古刹遍地"。

【词语】 张 掖

【注音】Zhāngyè

【解释】甘肃省的一个市。

【听写提示】

1. 一种动物，从外形上看与鹿类似，但是没有角；

2. 它能够分泌出麝香，是一种高级香料、名贵的中药材；

3. 它是中国一级重点野生保护动物。

【词语】

【注音】zhāng·zi

【解释】小型偶蹄类食草动物，主要生活在森林里。

【听写提示】
1. 中国历史文化名城，古称端州，位于广东省；
2. 考古发现表明，距今十四万年左右，这里已有人类活动；
3. 北宋名臣包拯曾在这里任知府。

【词语】

【注音】Zhàoqìng

【解释】广东省的一个市。

【听写提示】
1. 中国最大的侗族的寨子，位于贵州；
2. 当地以鼓楼群最为著名，鼓楼是侗族地区特有的公共建筑；
3. 这里的少数民族能歌善舞，这里又是歌舞之乡，经常有表演。

【词语】

【注音】Zhàoxīng

【解释】位于贵州省的侗族寨子。

【听写提示】
1. 一种铁矿石，颜色为红色，因此得名；

2. 这种矿石有药用价值，也用作颜料。

【词语】 赭石

【注音】 zhěshí

【解释】 矿物，主要成分是三氧化二铁。

【听写提示】

1. 指一个时间的起点；
2. 正，指一年开始的第一个月；
3. 朔，指一个月开始的第一天。

【词语】 正朔

【注音】 zhēngshuò

【解释】 一年中开始的那天。

【听写提示】

1. 这座山位于山东省烟台市北部的海面上；
2. 这座山三面环海，南部与陆地相通，为中国最大、世界最典型的陆连岛；
3. 据传在中国古代就有许多帝王来过这里，如春秋时期的齐景公，还有秦始皇，并在这里留下了石刻。

【词语】 芝罘山

【注音】 Zhīfú Shān

【解释】 山东省烟台市北部海面上的一座陆连岛。

【听写提示】
1. 常绿灌木，花会散发出浓郁的香味，它是岳阳市市花；
2. 在汉代以前它的花曾是应用最广的黄色染料；
3. 它的花语为"喜悦""永恒的爱与约定"。

【词语】栀子

【注音】zhī·zi

【解释】茜草科植物，果实是传统中药，属卫生部颁布的第一批药食两用资源。

【听写提示】
1. 一种树，又叫拐枣、鸡爪树、万寿果、桔扭子；
2. 它的果实、种子、叶子、根和树皮，都可以药用；
3. 《本草拾遗》上记载它的药用价值，可以止渴解除烦恼，滋润五脏，使大小便畅通，功用和蜂蜜差不多。

【词语】枳椇

【注音】zhǐjǔ

【解释】鼠李科植物，落叶乔木。花淡黄绿色，果实近球形。

【听写提示】
1. 一种矿物质；
2. 它膨胀后可用作建筑保温材料；
3. 它可以放在土壤中，有利于作物生长。

【词语】蛭石

【注音】 zhìshí

【解释】 在高温作用下会膨胀的矿物质，天然、无毒。

【听写提示】

1. 一种树，它的干直立，不分枝；
2. 在树干外边包裹着一层由叶鞘形成的棕衣；
3. 它的叶子集中生在树干顶端，形状像手掌。

【词语】 棕 榈

【注音】 zōnglú

【解释】 常绿乔木，高约十米。分布于中国秦岭以南地区，亦见于日本。

【听写提示】

1. 一种鸟，头部为红色，通体羽毛主要为白色，翅膀外层的羽毛为暗褐色，翅膀和尾部下呈红色，在飞翔时较为明显；
2. 这种鸟历来被日本皇室视为圣鸟；
3. 中国曾发行以这种鸟为主要内容的邮票和纪念币。

【词语】 朱 鹮

【注音】 zhūhuán

【解释】 珍稀野生鸟类，东亚特有种，有鸟中"东方宝石"之称。

【听写提示】

1. 四季中的一个季节；

2. 这个季节阳光明媚，各种颜色的花朵都开放了。

【词语】 朱 明

【注音】 zhūmíng

【解释】 在中国古代指夏天。

【听写提示】

1. 一种植物，有香气；

2. 中国古代有习俗，在九月九日重阳节要佩戴这种植物，既能表示对亲友的思念，又能祛邪辟恶；

3. 这种植物可以入药。

【词语】 茱 萸

【注音】 zhūyú

【解释】 小型落叶乔木，花黄色，果实红色。

【相关知识】 王维《九月九日忆山东兄弟》：遥知兄弟登高处，遍插茱萸少一人。这两句的大意是，遥想家乡的亲戚们，他们今天一定都去登山了，身上都戴着茱萸，只少我一个人啊。做这首诗的时候，王维一个人漂泊在外，表达的是他"每逢佳节倍思亲"的感慨。

【听写提示】

1. 一条河，位于河北省；

237

2. 这条河古称德会水，又名沣水。

【词语】 潴 龙 河

【注音】 Zhūlóng Hé

【解释】 位于河北省的一条河流。也可写作朱龙河、珠龙河、洙龙河。

【相关知识】 潴龙河的传说：相传这个地方原来并没有这条河流，有一天来了一只猪怪，猪怪会糟蹋庄稼，还吃了很多村民们养的家畜，村民为此很苦恼，又害怕猪怪，只能祈求玉皇大帝帮忙铲除猪怪。玉帝派了一员大将，这员大将现出他本来的面貌——一条龙，它与猪怪作战，最后猪怪被打败，鼻子插进地里拱出一条河来。

【听写提示】
1. 一种鸟，羽毛颜色艳丽；
2. 这种鸟雄性好斗，可以被人类驯化作为斗鸟。

【词语】 竹 鸡

【注音】 zhújī

【解释】 中国南方常见观赏鸟类，俗称泥滑滑、竹鹧鸪或扁罐罐，主要生活在竹林中。

【听写提示】
1. 一种菌类，菌盖上有网格，菌盖下有白色网状的菌幕；
2. 这种菌夏季生长在竹林中，因此得名；
3. 这种菌可以食用，但要先去掉菌盖顶部的臭头，然后晒干。

【词语】 竹 荪

【注音】zhúsūn

【解释】菌类，因其菌盖下白色网状的菌幕垂下来像裙子一样，又称作"长裙竹荪"，产于中国西南、华南等地。

【听写提示】

1. 人名，他是中国近代地理学的奠基人；
2. 1921年他在南京高等师范学校建立了中国第一个地学系；
3. 1936年到1949年他担任了十三年的浙江大学校长。

【词语】竺 可 桢

【注音】Zhú Kězhēn

【解释】中国气象学家、地理学家和教育家，浙江绍兴人。

【听写提示】

1. 一种历法，制定于秦，是秦统一中国后颁布的第一个历法；
2. 在这种历法中立春为一年的开始；
3. 其历法中以现今的10分月为一年的开始。

【词语】颛 项 历

【注音】Zhuānxū Lì

【解释】中国古代的一种阴历历法。

【听写提示】

1. 中国历史文化名城，位于山东省；
2. 这里是齐文化的发祥地，齐国是春秋战国时期最强盛的国家；

3. 这里著名人物有"春秋五霸"之一的齐桓公，齐国名相管仲、晏婴，军事家孙武，大文学家左思，唐朝开国元勋房玄龄，文学家蒲松龄等。

【词语】 淄博

【注音】 Zībó

【解释】 山东省的一个城市。

【听写提示】

1. 一种动物，又叫胡子蛙；

2. 雄性每年发情期时，上颌边缘都会长出八根至十一根黑色角质刺，仿佛长了胡子一样；

3. 这种动物有"中国角怪"和"世界上长有最多胡子的蛙"之称。

【词语】 髭蟾

【注音】 zīchán

【解释】 一种两栖动物，主要生活在中国南方。

【听写提示】

1. 一种树，叶呈卵形，嫩叶可以食用，花为淡黄色；

2. 它的树皮可以入药。

【词语】 梓树

【注音】 zǐshù

【解释】 落叶乔木，果实细长。木材可以做器具，根皮、树皮和果实可以入药。

【相关知识】桑梓：在中国古代，人们常在自家房前屋后种植桑树和梓树，所以用"桑梓"代指家乡。

【听写提示】

1. 世界最名贵的木材之一；
2. 它的木材质地坚硬，红颜色，放入水里会下沉；
3. 它生长极其缓慢，八九百年乃至上千年才能长成材。

【词语】

【注音】zǐtán

【解释】常绿乔木，高大，目前所知最珍贵的品种是印度的小叶紫檀。

【听写提示】

1. 清代物理学家，他对天文学、数学、光学、地理学等都很有研究；
2. 他开辟了中国科学仪器制造的先河，他制造的科学仪器有对数尺、铜壶滴漏、自鸣钟、地球仪等；
3. 他是中国摄影的先驱之一；
4. 他参与测绘画出中国第一张有经纬线的中国地图；
5. 他的代表作为《格术补》，是中国19世纪重要的一部独创性几何光学著作。

【词语】

【注音】Zōu Bóqí

【解释】清代科学家。

【听写提示】

1. 这种草又叫虾藻、虾草、麦黄草，常见于池塘、溪流、湖泊中；

2. 这种草的叶子是半透明的，铜绿色；

3. 这种草为草食性鱼类良好的天然饵料。

【词语】 菹草

【注音】 zūcǎo

【解释】 多年生沉水草本植物，水体多呈微酸至中性。

【听写提示】

1. 人名，他生活在南北朝，是中国历史上少有的博学多才的人物；

2. 在数学方面，他算出圆周率小数后第七位，是当时世界上最先进的成就；

3. 在天文历法方面，他创制了《大明历》，是一种先进的天文历法，并不断完善这部历法；

4. 他设计制造过水碓磨、铜制机件传动的指南车、千里船、定时器等；

5. 在文学方面他也有一定成就，写有小说《述异记》；

6. 月球背面的一座环形山被命名为"祖冲之环形山"，小行星1888被命名为"祖冲之小行星"，足以见得他在世界天文学史上的地位。

【词语】 祖冲之

【注音】 Zǔ Chōngzhī

【解释】 南北朝时期科学家。

【听写提示】

1. 一种植物，又叫闹鱼花；
2. 把它的花和叶揉碎放入水中，能够麻醉鱼类，因此得名。

【词语】 醉 鱼 草

【注音】 zuìyúcǎo

【解释】 落叶灌木，一般作为观赏植物栽培。在中国长江以南地区常见。

【听写提示】

1. 一种鲸鱼，背部的形状像琵琶；
2. 这种鲸鱼实行一夫一妻制；
3. 它的寿命大概为六七十年；
4. 现在其物种数量越来越少，需要保护。

【词语】 座 头 鲸

【注音】 zuòtóujīng

【解释】 鲸鱼的一种。"座头"为日文的音译，"琵琶"的意思。

索 引

2画

八角枫   5

3画

三七   172
三叶虫   173
三色堇   172
三趾鹑   174
干冰   71
大鸨   50
大雁塔   52
大雁   51
大蓟   50
大鲵   51
上雨泽   178
小头睡鲨   211
山桐子   176
山楂   177
山魈   176
山貘   175

4画

王莲   196

王鹀   197
井冈山   115
云豹   227
日珥   168
日冕   169
日晷   168
日幢   169
贝叶棕   23
水獭   183
长庚星   40
分龙雨   65
丹顶鹤   53
丹参   54
丹霞山   55
乌苏里江   199
乌拉草   202
乌桕   199
乌鸫   198
乌贼   200
乌塌菜   200
乌鳢   199
凤鲚   67
文昌鱼   198

火烈鸟	102
火铳	101
尺蠖	43
巴山夜雨	8
巴山蜀水	7
巴旦木	6
巴豆	6
巴林石	7
孔雀	122
双髻鲨	182

5画

正朔	234
邛崃山	163
邛崃	163
甘石星经	71
甘蓝	71
甘蔗	72
甘薯	72
艾鼬	1
石榴	180
东方鸻	57
叶猴	219
卟吩	32
仙客来	207
白山黑水	18
白头鹎	19
白芨	12
白苏	18

白茅	17
白垩	11
白虹贯日	13
白洋淀	20
白起	17
白桦	12
白唇鹿	10
白蛉	15
白鹇	19
白矮星	9
白菝	14
白蜡虫	13
白蜡树	14
白额雁	10
白藏	10
白磷	15
白鹭	16
白鳍豚	17
白露	16
白鹳	11
用材林	224
犰狳	164
玄序	213
玄武湖	213
边冈	26

6画

圭表	77
老鹰	130

地肤	55	灯芯草	55
地菍	56	江珧	110
扬子鳄	218	江蓠	110
芄兰	196	汜水关	183
芨芨草	103	安培	2
芒砀山	144	孙膑	186
芝罘山	234	红豆杉	86
西番莲	204	红蓼	87
百灵	21		
灰菜	99	**7画**	
灰鹤	100		
夹竹桃	108	贡山树蛙	75
吐绶鸟	195	贡嘎山	75
吐绶鸡	194	赤眼鳟	44
曳光弹	219	芙蕖	68
曲阜	165	邯郸	80
回青橙	100	苣荬菜	166
朱明	237	苋菜	208
朱鹮	236	花面狸	92
竹鸡	238	花信风	93
竹荪	238	花椒	92
伦琴	141	花榈木	91
伊犁河	220	花蔺	91
会稽山	121	苍鹰	35
合欢	83	苏眉鱼	184
刘焯	139	苏铁	185
刘徽	138	苏颂	185
次生林	48	杉篙	174
		杞柳	159

李淳风	132	青阳	162
束河	182	青檀	162
豆蔻	58	玫瑰	146
连翘	134	苦槠	123
旱獭	81	苤蓝	154
牡蛎	150	苜蓿	150
秃鹫	193	柞草	230
何首乌	83	茌平	43
伯劳	30	茄子	161
皂荚	229	苔藓	188
佘山	178	茅山	146
邹伯奇	241	柜柳	117
沙鸥	174	画眉	94
沂蒙山	221	刺猬	47
宋应星	184	雨旛	225
灵隐寺	136	迳河	120
张掖	232	鸢尾花	226
张衡	232	昙花	189
阿月浑子	1	昌化石	39
忍冬	168	明庶风	148
鸡冠花	102	罗睺	141
鸡㙓	104	岷山	148
纳木错	151	图们江	194

8画

		图灵	194
		牦牛	146
环尾狐猴	95	竺可桢	239
武昌鱼	202	岳阳楼	226
武陵源	202	岳麓书院	227

岱宗	52	草苁蓉	36
徂徕书院	48	草珊瑚	36
金身蛙	112	茼蒿	193
采石矶	33	茴香	100
狗尾草	75	茱萸	237
卷柏	118	荞麦	160
炎风	216	茯苓	68
法螺	63	荇菜	211
河蚌	83	荠菜	106
泸沽湖	139	茨菰	47
油茶	225	茳芏	111
油桐	225	荧惑	223
泌阳	24	荨麻	159
波罗蜜	29	荩草	113
空心菜	121	荔枝	134
郓城	228	南迦巴瓦	152
姑恶	76	相风旌	210
细裳蜉	206	枳椇	235

9画

		栀子	235
玳瑁	53	枸杞	76
珊瑚虫	177	枹树	23
珊瑚	177	柽柳	41
毒剑蛙	59	面包果	148
城隍庙	42	临朐	136
荆州	114	临淄	136
茜草	160	虹鳟	87
荚蒾	108	哈士蟆	79
		贻贝	220

骨顶鸡	77	栟茶	24
钝口螈	59	桉树	3
香蒲	209	豇豆	111
香椿	208	贾思勰	109
香榧	208	鸬鹚	140
鸽鹛	35	鸭嘴兽	215
闾山	140	哞罗	29
洱海	62	臭椿	44
穿山甲	45	徐霞客	212
扁担星	28	爱因斯坦	2
祖冲之	242	胭脂鱼	216
陨石	228	鸥鹬	42
骓骝	93	狸猫	131

10画

		凌日	138
挈贰	161	凌霄花	138
珙桐	74	凄风	157
蚕沙	34	亳州	30
蚕茧	34	郭守敬	78
都江堰	58	座头鲸	243
荸荠	24	斋堂	231
恭王府	74	阆中	129
莱菔	125	涞源	126
莫高窟	150	娑罗树	187
莪术	60	海带	79
莨菪	128	海蜇	79
莼菜	46	冥王星	149
桔梗	112		

11画

郴州	41	授时历	181

菝葜	8	曼陀罗	144
黄羊	98	蚶子	80
黄芩	97	蚱蝉	230
黄芪	97	蚯蚓	163
黄连	96	蛏子	42
黄栌	96	崆峒	122
黄骠马	95	银杏	222
黄檗	96	犁头龟	132
黄鼬	98	袋狼	53
黄鳝	98	盘羊	153
菖蒲	40	舶棹风	31
萆薢	25	魟鱼	105
菟丝子	195	猫头鹰	145
菩提树	155	猞猁	179
菹草	242	祭遵	231
菠萝	30	麻花艽	143
菡萏	81	康乃馨	120
梧桐	201	鸿鹄	88
棶木	126	淄博	240
梅文鼎	147	惊蛰	114
梓树	240	**12画**	
桫椤	187		
酚酞	66	琥珀	90
戚继光	158	斑鸠	21
鸸鹋	63	斑羚	22
瓠瓜	91	斑蝥	22
匏瓜	153	喜鹊	206
野菰	219	葛藤	72

萼片	61	番石榴	64
落下闳	142	番茄	64
萱草	212	貂熊	57
蔃蓄	27	飓风	118
焚风	66	鹈鹕	192
椑柿	23	湘妃竹	209
椋鸟	135	渡渡鸟	59
棕榈	236	滁州	44
棣棠	56	裙带菜	167
鹁鸪	31	犀牛	204
鹈鹋	126	隔辙雨	73
奋龟屯	78	婺源	204
遏蓝菜	61	缅甸	147
雅砻江	215		
紫檀	241	**13画**	
蛱蝶	108		
蛭石	235	蓍草	179
蛞蝓	124	蓝点颏	127
蛤蜊	73	蓝鲸	127
喀斯特	119	幕府山	151
嵖岈	36	蓖麻	25
黑颈鹤	85	蒴草	123
黑掌树蛙	86	蒺藜	104
黑鹇	85	蒟蒻	117
黑曜石	86	蒲公英	156
黑鹳	85	蒲葵	157
鹅卵石	60	椿象	45
鹅掌楸	61	楦梓	197
		楸树	164

槐树 94
鹌鹑 3
雾凇 203
雎鸠 116
暗物质 5
暗礁 4
遗昼 159
蜈蚣 201
蜉蝣 69
蜣螂 160
嵩阳书院 183
锦鸡 113
穇子 34
貉子 82
鲐鱼 188
麂子 106
雍和宫 224
阊阖风 84
滟滪堆 217
滔风 191

14画

碧螺春 25
嘉陵江 107
裴秀 153
蘡薁 222
鹖鸡 84
蜞鳅 158
蜥蜴 205
熏风 214
箬竹 171
鄱阳湖 154
鲟鱼 214
鲛鱇 4
獐子 233
豪猪 82
辣椒 125
滹沱河 88
漯河 143
潴龙河 238
肇庆 233
肇兴 233
翠鸟 48

15画

赭石 234
蕺菜 105
蕰草 197
橡胶树 209
槲栎 89
醉鱼草 243
雩溪 230
蝾螈 169
蝴蝶 89
蝲蛄 124
蝠鲼 69

蝮蛇	70	歙县	179
蝗虫	99	螣蛇	192
蝙蝠	27	鲱鱼	65
颞颥历	239	鲶鱼	152
箭镞	109	燧石	186
滕王阁	191	懒猴	128
鲥鱼	180	壁虎	26
鲤鱼	133		
鲫鱼	106		
摩羯座	149	**17画**	
鹌鹑	105	藏獒	229
潭柘寺	189	檀香	190
鲨鱼	175	螳螂	190
潟湖	207	螺髻山	142
澜沧江	128	簕竹	130
缬草	211	簕榄	130
		鼢鼠	66
16画		鹪鹩	111
		鳄梨	62
髭蟾	240	鳄蜥	62
薯蓣	181	襄阳	210
擎天树	162		
薏苡	221	**18画**	
薄荷	32	蕳草	222
颠茄	57	蔗草	28
蟒蛇	145	檫树	37
鹦鹉	223	檵木	107
镜泊湖	116	覆盆子	70
儒艮	170	礌石	131
儒略历	171	瞿塘峡	165

鹭鹤 140

蟪蛄 101

赟城 49

鸲鹛 166

鹧鹇 154

19画

蟾蜍 37

鳕鱼 214

鳗鲡 143

鳙鱼 224

20画

酆都城 67

蘘荷 167

耀斑 218

鼍龙 195

巉岩 38

鳜鱼 77

21画

欂枹 39

鳢肠 133

23画

鼹鼠 217

麑鹿 205

24画

蠵龟 206

衢州 165

灞河 9

25画

羱羚 135